KUZHINA MODERNE HOKKAIDO

100 receta nga ishulli më verior i Japonisë

Enea Hasa

Materiali për të drejtat e autorit ©2024

Të gjitha të drejtat e rezervuara

Asnjë pjesë e këtij libri nuk mund të përdoret ose transmetohet në çfarëdo forme apo mjeti pa pëlqimin e duhur me shkrim të botuesit dhe pronarit të së drejtës së autorit, përveç citimeve të shkurtra të përdorura në një përmbledhje. Ky libër nuk duhet të konsiderohet si zëvendësim i këshillave mjekësore, ligjore ose të tjera profesionale.

TABELA E PËRMBAJTJES

TABELA E PËRMBAJTJES...3
PREZANTIMI..7
MËNGJESI..9
1. BUKË QUMËSHTI HOKKAIDO ME REÇEL...................................10
2. VEZË TË FËRGUARA ME GAFORRE NË STILIN HOKKAIDO..........13
3. PETULLA ME FASULE TË KUQE HOKKAIDO...............................15
4. TAS MËNGJESI NË STILIN HOKKAIDO..18
5. BOLLGUR NË STILIN HOKKAIDO ME GJALPË MISO....................20
6. DOLLI FRANCEZE NË STILIN HOKKAIDO ME PASTE FASULE TË KUQE
....22
7. MATCHA LATTE NË STILIN HOKKAIDO.......................................24
STARTERS..26
8. STIL HOKKAIDO INARI SUSHI..27
9. GYOZA PERIMESH..29
10. ONIGIRI (TOPA ORIZI) ME NORI..31
11. AGEDASHI TOFU NË STILIN HOKKAIDO..................................33
12. BISKOTA ME PETË ME MINTY..35
13. EDAMAME ME KRIPË DETI..37
14. UNAZA RAMEN TË SKUQURA...39
15. SALCË E BARDHË PIKANTE JAPONEZE....................................42
16. KAFSHIMET E SALMONIT DHE KASTRAVECIT JAPONEZ..........44
17. TAS ME KETO-BAMJE JAPONEZE...46
18. SANDUIÇE VERORE JAPONEZE..48
19. KOKOSHKA ME ALGA DETI NORI..50
20. KËRPUDHA TË MARINUARA ME SOJE....................................52
21. SPECA KROKANTE SHISHITO..54
22. SKEWERS YAKITORI NË STILIN HOKKAIDO.............................56
23. OKONOMIYAKI (PETULLA JAPONEZE)....................................58
KURS KRYESOR..60
24. HOT POT ME USHQIM DETI HOKKAIDO (ISHIKARI NABE).....61
25. STIL HOKKAIDO GENGHIS KHAN LAMB BBQ..........................64
26. BUTA DON I STILIT HOKKAIDO (TASI ME ORIZ ME MISH DERRI) 66
27. HOKKAIDO KANI MISO GRATIN (GAFORRJA MISO GRATIN)......68

28. RAMEN ME PERIME MISO TË KUQE TË PJEKURA......70
29. JAPONEZE TERIYAKI ZOODLES STIR FRY......74
30. RAMEN I ËMBËL ME TOFU......76
31. SHOYU RAMEN......78
32. MISO RAMEN......80
33. RAMEN NOODLES......82
34. RAMEN I MENJËHERSHËM......84
35. KIMCHEE NOODLES......86
36. HOT SHOT E RAMEN......88
37. DARKA RAMEN......90
38. STIR FRY RAMEN SWEET & SPICY......92
39. KOKOSI DJEGËS RAMEN......95
40. RAMEN GREEN BEAN STIR FRY......97
41. RAMEN SEUL......99
42. PËRZIEJINI PERIMET E SKUQURA DHE RAMEN......101
43. PERIME TE PJEKURA ME RAMEN......103
44. PIPER I KUQ LIME RAMEN......105
SUPAT......107
45. KENCHINJIRU (SUPË ME PERIME JAPONEZE)......108
46. SUPË JAPONEZE YAM DHE KALE......112
47. SUPË ME PETË NORI......115
48. SUPË RAMEN ME KËRPUDHA......117
49. MISO SUPË ME TOFU DHE LAKËR......119
50. MISO SUPË ME TOFU DHE ALGA DETI......121
51. SUPË ME PETË ME SPINAQ DHE QEPË JESHILE......123
52. SUPË UDON NOODLE ME PERIME TEMPURA......125
53. SUPË RAMEN ME MISËR DHE BOK CHOY......127
54. SUPË ME QUMËSHT SOJE DHE KUNGULL......129
55. HOKKAIDO SUKIYAKI......131
56. DISA SUPË ME PETË......133
57. SUPË ME KARRI ME PETË......135
58. SUPË RAMEN ME KËRPUDHA......138
LËNGË......140
59. D ASHI BROTH......141
60. LËNGË PERIMESH UMAMI......143
61. SUPË ME QEPË TË PASTËR HOKKAIDO......146

62. BAZA E SUPËS MISO..................148
63. SUPË ME BAZË SALCË SOJE..................150
64. SUPË ME PERIME RAMEN..................152
65. SUPË ME KËRPUDHA SHIITAKE..................154
66. S ESAME MISO BROTH..................156
67. TOFU PIKANTE DHE LËNGU KIMCHI..................158
68. VEGJETARIAN KOTTERI BROTH..................160
69. UDON NOODLE BROTH..................163
70. LËNGË ÇAJI JESHIL HOKKAIDO..................165
71. LËNGË PERIMESH MISO MUSHROOM..................167
72. LËNGA E LIMONIT ME XHENXHEFIL..................169
73. SUPË SHIITAKE E GËSHTENJËS..................171
74. LËNGA E PATATES SË ËMBËL DHE KOKOSIT..................173
75. SAKE DHE LËNG I THATË I KËRPUDHAVE..................175
76. WASABI DHE NORI INFUSED BROTH..................177
77. SUPË E PASTËR ME KËRPUDHA..................179
SALATATË..................181
78. SALLATË ME LESH DETI..................182
79. SALLATË RAMEN ME MOLLË..................184
80. SALLATË SAMBAL RAMEN..................187
81. HOKKAIDO SERRANO RAMEN..................189
82. SALLATË MANDARIN RAMEN..................191
83. RAMEN ME LAKRA DHE FARA LULEDIELLI S..................193
84. SALLATË KREMOZE ME ARRAT DHE PETË..................195
85. SALLATË ME XHENXHEFIL ME SUSAM ME FRYMËZIM JAPONEZ..................197
86. SALLATË ME PERIME TË PJEKURA ME XHAM MISO..................199
87. SALLATË ME QIQRA DHE AVOKADO..................201
88. TAS SUSHI ME TOFU TË SKUQUR CRUNCHY..................203
DESSERTS..................206
89. LIMON JAPONEZ SHOCHU..................207
90. ËMBËLSIRAT MOCHI..................209
91. SKEWERS FRUTASH JAPONEZE..................211
92. SALSA ME FRUTA ME AGAR..................213
93. KINAKO DANGO..................215
94. HOKKAIDO DORAYAKI..................217

95. AKULLORE MATCHA...219
96. HOKKAIDO ZENZAI..221
97. JELLY JAPONEZE KAFEJE..223
98. MATCHA TIRAMISU..225
99. KINAKO WARABI MOCHI..227
100. HOKKAIDO YUZU SORBET.....................................229
PËRFUNDIM...231

PREZANTIMI

Mirë se vini në "Kuzhina Moderne Hokkaido", një aventurë e kuzhinës nëpër ishullin më verior të Japonisë! Hokkaido, i njohur për peizazhet e tij të lë pa frymë dhe trashëgiminë e pasur të kuzhinës, është një thesar i shijeve që presin për t'u eksploruar. Në këtë libër gatimi, ju ftojmë të zbuloni 100 receta moderne dhe inovative të frymëzuara nga kultura ushqimore e gjallë e Hokkaido.

Nga ushqimet e detit të freskëta të kapura në ujërat e akullta deri te perimet e përzemërta malore dhe produktet e qumështit nga kullotat e harlisura, peizazhi i larmishëm i Hokkaido-s ofron një bollëk përbërësish që formojnë themelin e identitetit të tij kulinar. Në "Kuzhina Moderne Hokkaido", ne festojmë këtë sixhade të pasur shijesh, duke ofruar një ndryshim bashkëkohor në pjatat tradicionale dhe krijimet inovative që shfaqin më të mirat e kuzhinës Hokkaido.

Pavarësisht nëse jeni një kuzhinier me përvojë ose një kuzhinier aventureske në shtëpi, ka diçka për të gjithë në këto faqe. Çdo recetë është krijuar me kujdes për të kapur thelbin e trashëgimisë së kuzhinës së Hokkaido-s duke përqafuar teknikat dhe përbërësit moderne. Nga supat dhe gjellët ngushëlluese deri te pjatat elegante me ushqim deti dhe ëmbëlsirat e papërmbajtshme, do të gjeni një gamë të gjerë shijesh dhe teksturash për të kënaqur qiellzën tuaj.

Pra, bashkohuni me ne ndërsa udhëtojmë nëpër tregjet e gjalla, izakajat plot lëvizje dhe kuzhinat komode të shtëpive të Hokkaido. Lëreni "Kuzhina Moderne Hokkaido" të jetë udhëzuesi juaj për të eksploruar botën e larmishme dhe të shijshme të kuzhinës japoneze, një recetë në të njëjtën kohë.

Përgatituni për t'u frymëzuar, mashtruar dhe transportuar në ishullin magjepsës të Hokkaido-s ndërsa ne nisim së bashku këtë aventurë kulinare. Le të zhytemi dhe të zbulojmë shijet e parajsës më veriore të Japonisë!

MËNGJESI

1. Bukë qumështi Hokkaido me reçel

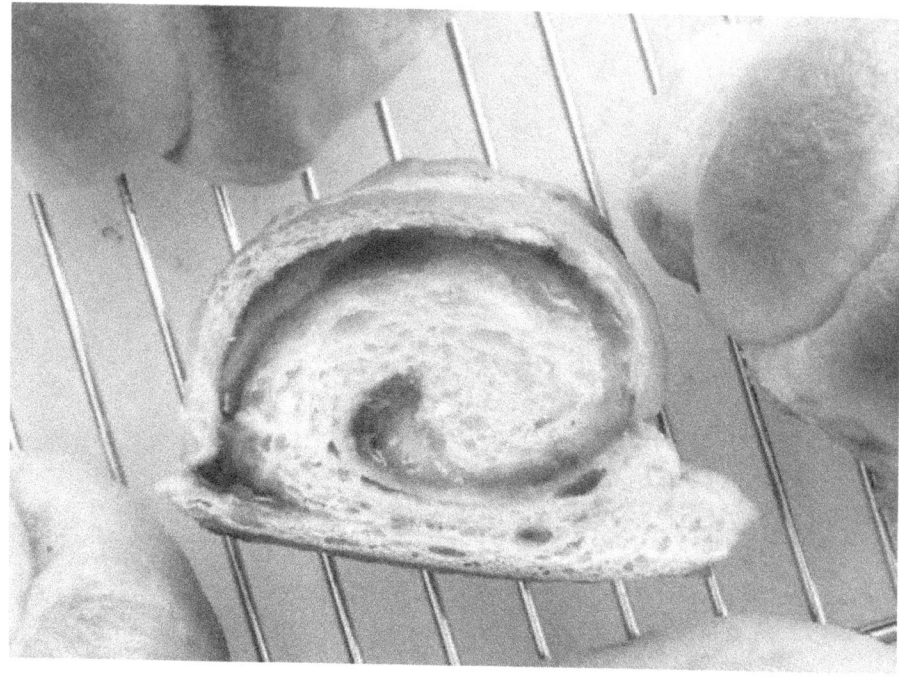

PËRBËRËSIT:
- 2 gota miell buke
- 1/2 filxhan qumësht Hokkaido
- 3 lugë sheqer
- 1 lugë çaji kripë
- 2 lugë gjalpë pa kripë, i zbutur
- 2 lugë çaji maja e thatë aktive
- Reçel shtëpie sipas zgjedhjes suaj

UDHËZIME:
a) Në një tas përzieni, bashkoni miellin e bukës, sheqerin, kripën dhe majanë.
b) Ngroheni qumështin Hokkaido derisa të ngrohet (rreth 110°F/43°C).
c) Shtoni qumështin e ngrohtë në përbërësit e thatë dhe përzieni derisa të formohet një brumë.
d) Ziejeni brumin në një sipërfaqe të lyer me miell për rreth 10 minuta, ose derisa të bëhet i lëmuar dhe elastik.
e) E vendosim brumin në një tas të lyer me yndyrë, e mbulojmë me një peshqir të pastër kuzhine dhe e lëmë në një vend të ngrohtë për rreth 1 orë ose derisa të dyfishohet në masë.
f) Shtypni brumin e pjekur dhe ndajeni në pjesë të barabarta. Formoni secilën pjesë në një top të vogël.
g) Topthat e brumit i vendosim në një tavë të lyer me yndyrë, i mbulojmë dhe i lëmë të rriten edhe për 30 minuta.
h) Ngrohni furrën tuaj në 350°F (175°C).

i) E pjekim brumin e rritur për 20-25 minuta, ose deri në kafe të artë.
j) Shërbejeni bukën e qumështit Hokkaido të ngrohtë me reçel shtëpie.

2. Vezë të fërguara me Gaforre në stilin Hokkaido

PËRBËRËSIT:

- 4 vezë
- 1/4 filxhan qumësht Hokaido
- Kripë dhe piper për shije
- 1 lugë gjelle gjalpë pa kripë
- 1/2 filxhan mish gaforre të gatuar, të grirë
- Qiqra të grira për zbukurim

UDHËZIME:

a) Në një tas, përzieni vezët, qumështin Hokkaido, kripën dhe piperin derisa të kombinohen mirë.

b) Ngrohni gjalpin në një tigan mbi nxehtësinë mesatare.

c) Hedhim masën e vezëve në tigan dhe e lëmë të ziejë për disa sekonda derisa të fillojë të ngurtësohet.

d) Llokoçisni butësisht vezët me një shpatull, duke i palosur mbi vete ndërsa gatuhen.

e) Kur vezët të jenë gati gati, shtoni mishin e gatuar të gaforres dhe vazhdoni të gatuani për një minutë tjetër, ose derisa vezët të jenë gatuar plotësisht dhe gaforrja të nxehet.

f) Hiqeni nga zjarri dhe spërkatni qiqrat e grira mbi vezët e fërguara.

g) Shërbejini vezët e fërguara të stilit Hokkaido me gaforre të nxehta.

3. Petulla me fasule të kuqe Hokkaido

PËRBËRËSIT:
- 1 filxhan miell për të gjitha përdorimet
- 1 luge sheqer
- 1 lugë çaji pluhur pjekjeje
- 1/4 lugë çaji kripë
- 1/2 filxhan fasule të kuqe Hokkaido të gatuara (anko)
- 3/4 filxhan qumësht Hokkaido
- 1 vezë
- Gjalpë ose vaj për gatim
- Shurup panje për servirje

UDHËZIME:
a) Në një tas përzieni, bashkoni miellin, sheqerin, pluhurin për pjekje dhe kripën.
b) Në një enë tjetër, grijini fasulet e kuqe Hokkaido të gatuara me një pirun derisa të jenë të lëmuara.
c) Shtoni qumështin dhe vezën tek fasulet e kuqe të grira dhe përziejini mirë.
d) Gradualisht shtoni përbërësit e lagësht tek përbërësit e thatë, duke i përzier derisa të kombinohen.
e) Ngroheni një tigan ose tigan mbi nxehtësinë mesatare dhe lyejeni lehtë me gjalpë ose vaj.
f) Hidhni rreth 1/4 filxhan brumë në tigan për çdo petull.
g) Gatuani derisa të formohen flluska në sipërfaqen e petullave, më pas rrokullisni dhe gatuajeni derisa të marrin ngjyrë kafe të artë nga ana tjetër.

h) Përsëriteni me brumin e mbetur.
i) Shërbejini petullat me fasule të kuqe Hokkaido të ngrohta me shurup panje.

4. Tas mëngjesi në stilin Hokkaido

PËRBËRËSIT:
- 1 filxhan oriz të zier me kokërr të shkurtër
- 1/2 filxhan soje të gatuar Hokkaido (edamame)
- 1/2 filxhan patate Hokkaido të prera në kubikë, të gatuara
- 1/2 filxhan karota Hokkaido të prera në kubikë, të gatuara
- 1/4 filxhan nori të copëtuara (alga deti)
- 1 lugë gjelle salcë soje
- 1 lugë çaji vaj susami
- 1 lugë çaji fara susami të thekura
- Vezë e skuqur (opsionale)

UDHËZIME:
a) Në një tas, kombinoni orizin e gatuar, sojën Hokkaido, patatet e prera në kubikë dhe karotat e prera në kubikë.
b) Hidhni salcën e sojës dhe vajin e susamit mbi përzierjen e orizit dhe perimeve.
c) Hidheni butësisht për t'u kombinuar.
d) Përzierjen e ndajmë në enë për servirje.
e) Mbi çdo tas me nori të grira dhe farat e thekura të susamit.
f) Nëse dëshironi, shërbejeni me një vezë të skuqur sipër.
g) Shijoni tasin tuaj të mëngjesit në stilin Hokkaido.

5. Bollgur në stilin Hokkaido me gjalpë Miso

PËRBËRËSIT:
- 1 filxhan tërshërë të mbështjellë
- 2 gota ujë
- 2 lugë pastë miso
- 2 lugë gjalpë pa kripë
- 1 lugë mjaltë
- Qepë të gjelbra të prera në feta për zbukurim

UDHËZIME:
a) Në një tenxhere, vendosni ujin të vlojë. Përzieni tërshërën e mbështjellë dhe zvogëloni nxehtësinë në minimum. Ziejini, duke e përzier herë pas here, për rreth 5-7 minuta ose derisa tërshëra të jetë gatuar në konsistencën e dëshiruar.

b) Në një tas të vogël, përzieni pastën miso, gjalpin e zbutur dhe mjaltin derisa të kombinohen mirë.

c) Përzieni përzierjen e gjalpit miso në tërshërën e gatuar derisa të përfshihet plotësisht.

d) Hiqeni nga zjarri dhe lëreni të qëndrojë për një minutë.

e) Shërbejeni tërshërën e stilit Hokkaido të nxehtë, të zbukuruar me qepë të gjelbra të prera në feta.

6. Dolli franceze në stilin Hokkaido me paste fasule të kuqe

PËRBËRËSIT:
- 4 feta bukë të prera trashë
- 2 vezë
- 1/2 filxhan qumësht Hokkaido
- 1/4 lugë çaji ekstrakt vanilje
- Gjalpë për tiganisje
- Pastë e ëmbël e fasules së kuqe (anko) për servirje
- Sheqer pluhur për pluhurosje

UDHËZIME:
a) Në një pjatë të cekët, përzieni vezët, qumështin Hokkaido dhe ekstraktin e vaniljes derisa të kombinohen mirë.
b) Ngrohni një tigan ose tigan mbi nxehtësinë mesatare dhe shkrini pak gjalpë.
c) Zhytni çdo fetë bukë në përzierjen e vezëve, duke lyer të dyja anët në mënyrë të barabartë.
d) Vendosni fetat e bukës të zhytura në tigan dhe gatuajeni derisa të marrin ngjyrë kafe të artë nga të dyja anët, rreth 2-3 minuta për çdo anë.
e) Hiqeni bukën franceze nga tigani dhe shërbejeni të nxehtë me pastë të ëmbël të fasules së kuqe të përhapur sipër.
f) Spërkateni me sheqer pluhur përpara se ta shërbeni.

7. Matcha Latte në stilin Hokkaido

PËRBËRËSIT:
- 1 filxhan qumësht Hokaido
- 1 lugë çaji pluhur matcha
- 1 lugë gjelle mjaltë ose sheqer (opsionale)

UDHËZIME:
a) Në një tenxhere të vogël, ngrohni qumështin Hokkaido mbi nxehtësinë mesatare derisa të nxehet, por jo të vlojë.
b) Në një tas, rrihni pluhurin matcha me një sasi të vogël uji të nxehtë për të formuar një pastë të lëmuar.
c) Derdhni qumështin e nxehtë Hokkaido në pastën matcha dhe përzieni derisa të kombinohet mirë.
d) Nëse dëshironi, ëmbëlsoni me mjaltë ose sheqer për shije.
e) Hidhni matcha latte të stilit Hokkaido në gota dhe shërbejeni të nxehtë.

STARTERS

8. Stil Hokkaido Inari Sushi

PËRBËRËSIT:
- 1 filxhan oriz sushi, i gatuar dhe i kalitur me uthull orizi
- 1 pako xhepa inari (qese tofu të ëmbla)
- Farat e susamit për zbukurim
- Qepë të gjelbra të prera hollë

UDHËZIME:
a) Hapni butësisht xhepat inari.
b) Mbushni çdo xhep me një sasi të vogël orizi të kalitur për sushi.
c) Dekoroni me farat e susamit dhe qepët e njoma të prera në feta.

9. Gyoza perimesh

PËRBËRËSIT:
- 1 filxhan lakër, të grirë hollë
- 1/2 filxhan karota, të grira
- 1/2 filxhan kërpudha shiitake, të grira hollë
- 2 qepë të njoma, të grira hollë
- 1 thelpi hudhër, e grirë
- 1 lugë çaji xhenxhefil, i grirë
- 1 lugë gjelle salcë soje
- Mbështjellës Gyoza
- Vaj vegjetal për tiganisje
- Salcë zhytjeje (salcë soje, uthull orizi dhe pak vaj susami)

UDHËZIME:
a) Në një tas, përzieni lakrën, karotat, kërpudhat shiitake, qepët e njoma, hudhrën, xhenxhefilin dhe salcën e sojës.
b) Vendosni një lugë të përzierjes në një mbështjellës gyoza, palosni dhe mbyllni skajet.
c) Skuqini në tigan gyoza deri në kafe të artë nga të dyja anët.
d) Shërbejeni me salcë zhytjeje.

10. Onigiri (Topa orizi) Me Nori

PËRBËRËSIT:
- 2 gota oriz sushi, të gatuar
- Fletët Nori, të prera në rripa
- Kripë, për shije
- Mbushje (kumbulla turshi, avokado ose perime të skuqura)

UDHËZIME:
a) Lagni duart dhe spërkatni me kripë.
b) Merrni një grusht oriz sushi të gatuar dhe formoni atë në një trekëndësh ose top.
c) Vendosni një sasi të vogël mbushjeje në qendër.
d) Mbështilleni me shirita nori.
e) Përsëriteni për të bërë më shumë onigiri.

11. Agedashi Tofu në stilin Hokkaido

PËRBËRËSIT:
- 1 bllok tofu i fortë, i prerë në kubikë
- 1/2 filxhan niseshte misri
- Vaj vegjetal për tiganisje
- 1 filxhan dashi
- 2 lugë salcë soje
- 1 lugë gjelle mirin
- 1 lugë gjelle rrepkë daikon e grirë (opsionale)
- Qepë të gjelbra të copëtuara për zbukurim

UDHËZIME:
a) Lyeni kubet tofu me niseshte misri dhe skuqini deri në kafe të artë.
b) Në një tenxhere të veçantë, kombinoni dashi, salcën e sojës dhe mirin. Lëreni të ziejë.
c) Vendosni tofu të skuqur në një enë për servirje, derdhni salcën mbi të.
d) Dekoroni me daikon të grirë dhe qepë të njoma të grira.

12. Biskota me petë me minty

4 PËRBËRËSIT:
- 4 (3 oz.) pako petë ramen, të paziera
- 1 (16 oz.) qese copëza çokollate të zezë
- 12-14 pika ekstrakt menteje
- 1-2 pika ekstrakt menteje
- 1-2 pika ekstrakt dimëror
- 24 shkopinj gjel sheqeri

UDHËZIME:
a) Pritini petët në copa dhe vendosini në një tas për përzierje. Vendosni një tenxhere në zjarr të ulët. Përzieni në të copat e çokollatës.
b) Përzieni ekstraktin e mentes. I gatuani për 1 min . Masën e derdhim në të gjitha petët dhe i përziejmë mirë.
c) Përdorni një lugë të madhe për të vendosur përzierjen në formën e biskotave në një tepsi të rreshtuar. vendoseni tavën në frigorifer për të paktën 1 orë. Shërbejini biskotat tuaja me mbushjet tuaja të preferuara.
d) Kënaquni.

13. Edamame me kripë deti

PËRBËRËSIT:
- 2 gota edamame (të freskëta ose të ngrira)
- Kripë deti, për shije

UDHËZIME:
a) Nëse përdorni edamame të ngrirë, ziejini në ujë me kripë për 3-5 minuta ose derisa të zbuten.
b) I kullojmë dhe i spërkasim me kripë deti.
c) Shërbejeni të ngrohtë ose në temperaturë ambienti.

14. Unaza Ramen të skuqura

PËRBËRËSIT:
- Brumi për tiganisje, rezervoni 2 filxhanë
- 1 filxhan miell që ngrihet vetë
- 1 lugë çaji kripë
- 1/4 lugë çaji piper
- 2 vezë, të rrahura
- 1 filxhan birre
- Qepët
- 2 (3 oz.) pako petë ramen, vaj të rezervuar në pako, për skuqje
- 1 qepë e madhe Vidalia, e rrethuar

UDHËZIME:

a) Merrni një tas të madh përzierjeje: Rrihni në të miellin, vezët, birrën, pak kripë dhe piper.

b) Merrni një përpunues ushqimi: Prisni një ramen në gjysmë dhe përpunoni në të derisa të bluhet. E shtojmë në brumin e miellit dhe i përziejmë mirë. Thërrmoni imët ramen tjetër dhe vendoseni në një enë të cekët. Shtoni në të paketën e erëzave dhe përziejini mirë.

c) Vendosni një tigan të madh mbi nxehtësinë mesatare. Mbushni 3/4 inç të saj me vaj dhe ngroheni.

d) Lyejmë rrathët e qepës me brumin e miellit dhe i lyejmë në përzierjen e petëve të grimcuara. I vendosim në vaj të nxehtë dhe i kaurdisim derisa të marrin ngjyrë kafe të artë.

e) Shërbejini unazat tuaja të qepëve me zhytjen tuaj të preferuar.
f) Kënaquni.

15. Salcë e bardhë pikante japoneze

PËRBËRËSIT:
- 2 ¼ filxhan majonezë japoneze
- 1 ¼ lugë çaji pluhur hudhër
- 1 filxhan. Ketchup
- 1 lugë paprika
- 3 ¼ lugë sheqer
- 2 lugë çaji pluhur qepë
- 1 ¼ lugë çaji piper kajen
- 1 lugë çaji kripë deti
- 1 ½ lugë çaji salcë sriracha
- 1 filxhan. ujë

UDHËZIME:
a) Në një tas të madh të pastër, hidhni të gjithë përbërësit
b) E trazojmë dhe e rrahim mirë që të përzihet derisa të mos ketë gunga
c) Vendoseni në frigorifer derisa të jeni gati për ta përdorur
d) Shërbejeni me oriz, makarona ose salcë sallatë perimesh

16. Kafshimet e salmonit dhe kastravecit japonez

PËRBËRËSIT:
- 1 kastravec. Prerë me guxim
- $\frac{1}{2}$ kile fileto salmon
- 1 $\frac{1}{4}$ lugë çaji salcë soje
- 2 lugë qepë. I grirë imët
- 1 lugë çaji mirin
- 1 Ichimi togarashi (spec djegës japonez)
- 1 lugë çaji vaj susami
- $\frac{1}{2}$ lugë çaji farat e susamit të zi

UDHËZIME:
a) Në një tas të vogël përzierës, kombinoni salmonin, salcën e sojës, qepën, vajin e susamit dhe mirinin.

b) Vendosni fetat e kastravecit në një pjatë, hidhni një lugë salmon mbi të dhe derdhni qepën e mbetur dhe farat e susamit

17. Tas me keto-bamje japoneze

PËRBËRËSIT:
- 2 gishta bamje
- 2 lugë salcë soje
- 2 lugë gjelle bonito thekon
- 2 lugë gjelle fruta swerve/monk
- 2 lugë gjelle ujë
- 2 lugë gjelle sake
- 2 lugë çaji fara susami, të thekura
- 2 lugë gjelle bonito thekon

UDHËZIME:
a) Zieni 2 gota ujë në një tenxhere
b) Në një tenxhere tjetër, përzieni salcën e sojës, thekonet, 2 lugë çaji ujë, sake, lëreni dhe kaurdisni për 1 minutë.
c) Kthejeni në ujin e vluar dhe hidhni bamjet, gatuajeni për 3 minuta ose derisa të zbuten.
d) Kullojini dhe prisni në feta të trasha
e) Në një enë vendosim bamjet e prera në feta dhe i hedhim salcën
f) Dekorojeni me farat e susamit dhe me thekon bonito

18. Sanduiçe verore japoneze

PËRBËRËSIT:
- Feta buke, gjashtë
- Luleshtrydhe, një filxhan
- Krem pana, një filxhan

UDHËZIME:
a) Së pari ju duhet të përgatisni bukën tuaj.
b) Ose rrihni gjysmë filxhani krem rrahjeje në një tas derisa të jetë i ngurtë dhe përhapeni në mënyrë të barabartë mbi bukë.
c) Më pas, lani, prisni kërcellin dhe prisni secilën luleshtrydhe në gjysmë deri në mes.
d) Sanduiçi juaj është gati për t'u shërbyer.

19. Kokoshka me alga deti Nori

PËRBËRËSIT:
- Farat e susamit të zi, një lugë gjelle
- Sheqer kaf, një lugë gjelle
- Kripë, gjysmë lugë çaji
- Vaj kokosi, gjysmë lugë çaji
- Kokrra kokoshkash, gjysmë filxhani
- Gjalpë, dy lugë gjelle
- Nori thekon alga deti, një lugë gjelle

UDHËZIME:
a) Në një shtypës dhe llaç, grini thekonet e algave nori, farat e susamit, sheqerin dhe kripën në një pluhur të imët.
b) Shkrini vajin e kokosit në një tenxhere të madhe me fund të rëndë.
c) Shtoni kokrrat e kokoshkave, mbulojini me kapak dhe ziejini në zjarr mesatar derisa të skuqen.
d) Menjëherë shtojmë pjesën tjetër të misrit pasi të piqet misri, vendosim kapakun dhe gatuajmë, duke tundur herë pas here tiganin derisa të skuqen të gjitha kokrrat.
e) Transferoni misrin e grirë në një tas të madh dhe derdhni mbi gjalpë të shkrirë, nëse përdorni.
f) Spërkateni mbi përzierjen tuaj të ëmbël dhe të kripur të norit dhe përdorni duart tuaja për ta përzier mirë derisa çdo pjesë të jetë e veshur.
g) Hidhni sipër farat e mbetura të susamit.

20. Kërpudha të marinuara me soje

PËRBËRËSIT:
- 4 pako kërpudha enoki ose kërpudha e preferuar
- 2 lugë salcë soje
- 3 lugë vaj luledielli
- 3 lugë gjelle uthull orizi
- 3 lugë gjelle mitsuba. E copëtuar bukur
- 2 spec djegës të kuq.
- Kripë Kosher
- 2 lugë gjelle shiso jeshile. I grirë imët

UDHËZIME:
a) Në zjarr të ulët, derdhni vajin në një tenxhere dhe ngrohni
b) Shtoni kërpudhat në vajin e nxehtë dhe i përzieni derisa të thithë të gjithë vajin
c) Fikni zjarrin dhe përzieni salcën e sojës, uthullën, shiso, mitsuba, kripë dhe piper.
d) Shërbejeni ose vendoseni në frigorifer kur të ftohet.

21. Speca krokante Shishito

PËRBËRËSIT:

- 1 filxhan speca shishito
- 2 lugë vaj vegjetal
- Kripë deti, për shije
- Copa limoni për servirje

UDHËZIME:

a) Ngrohni vajin vegjetal në një tigan mbi nxehtësinë mesatare-të lartë.

b) Shtoni specat shishito dhe skuqini derisa të marrin flluska dhe të bëhen krokante.

c) Spërkateni me kripë deti dhe shërbejeni me copa limoni.

22. Skewers Yakitori në stilin Hokkaido

PËRBËRËSIT:
- 1 filxhan tofu të fortë, të prerë në kubikë
- 1 filxhan kërpudha (shiitake ose buton), të plota ose të përgjysmuara
- 1 filxhan domate qershi
- 1/2 filxhan salcë soje
- 1/4 filxhan mirin
- 2 luge sheqer
- Hell druri, të njomur në ujë

UDHËZIME:
a) Lyeni tofu, kërpudhat dhe domatet qershi në hell.
b) Në një tenxhere, përzieni salcën e sojës, mirin dhe sheqerin. Ziejini derisa të trashet pak.
c) Grijini ose ziejini hellet, duke i lyer me salcë derisa të karamelizohen.

23. Okonomiyaki (petulla japoneze)

PËRBËRËSIT:
- 1 filxhan lakër të grirë
- 1/4 filxhan karotë të grirë
- 2 lugë qepë të njoma të grira
- 1/2 filxhan miell për të gjitha përdorimet
- 1/2 filxhan ujë
- 1 lugë gjelle salcë soje
- 1 lugë gjelle vaj vegjetal
- M majonezë dhe salcë okonomiyaki për sipër

UDHËZIME:
a) Në një tas, përzieni lakrën, karotën, qepët e njoma, miellin, ujin dhe salcën e sojës.
b) Ngrohni vajin vegjetal në një tigan dhe shpërndani brumin në formë petulla.
c) Gatuani derisa të dyja anët të marrin ngjyrë kafe të artë.
d) Spërkateni me majonezë dhe salcë okonomiyaki përpara se ta shërbeni.

KURS KRYESOR

24. Hot Pot me ushqim deti Hokkaido (Ishikari Nabe)

PËRBËRËSIT:
- 4 gota dashi (stoku i supës japoneze)
- 1/4 filxhan pastë miso
- 1/2 filxhan sake
- 2 lugë salcë soje
- 1 lugë gjelle mirin
- 1/2 kile fileto salmoni, e prerë në copa
- 1/2 kile fiston
- 1/2 kile karkaleca, të qëruar dhe të deveinuar
- 1/2 kile tofu, i prerë në kube
- 1 filxhan kërpudha Hokkaido të prera në feta (të tilla si shiitake ose enoki)
- 1 filxhan lakër Napa, e prerë në feta
- 1/2 filxhan qepë të njoma Hokkaido të prera në feta
- Oriz Hokkaido i gatuar me kokrra të shkurtra për servirje

UDHËZIME:
a) Në një tenxhere vendosim dashin të ziejë në zjarr mesatar.
b) Në një tas të vogël, holloni pastën miso me pak ujë të nxehtë nga tenxherja derisa të jetë e qetë.
c) Përzieni sake, salcën e sojës dhe mirin në pastën miso derisa të kombinohen mirë.
d) Shtoni përzierjen e misos tek dashi që ziehet dhe përzieni që të bashkohet.
e) Shtoni salmon, fiston, karkaleca, tofu, kërpudha dhe lakër Napa në tenxhere.

f) Ziejini për rreth 10-15 minuta ose derisa frutat e detit të jenë gatuar dhe perimet të jenë të buta.

g) Shërbejeni tenxheren e nxehtë të ushqimit të detit Hokkaido të nxehtë me qepë të gjelbra të prera në feta të spërkatura sipër dhe me oriz të zier me kokrra të shkurtra anash.

25. Stil Hokkaido Genghis Khan Lamb Bbq

PËRBËRËSIT:

- 1 kile shpatulla qengji, e prerë hollë
- 1 qepë, e prerë në feta
- 2 thelpinj hudhre, te grira
- 1 lugë gjelle salcë soje
- 1 lugë gjelle sake
- 1 lugë gjelle mirin
- 1 luge sheqer
- Kripë dhe piper për shije
- Gjalpë Hokkaido për pjekje në skarë
- Qepë të njoma Hokkaido për zbukurim

UDHËZIME:

a) Në një tas, kombinoni shpatullën e qengjit të prerë, qepën e prerë, hudhrën e grirë, salcën e sojës, sake, mirin, sheqerin, kripën dhe piperin. Marinojini për të paktën 30 minuta.

b) Nxehni një skarë ose tigan me skarë mbi nxehtësinë mesatare-të lartë.

c) Fijeni fetat e marinuara të qengjit në hell.

d) Grijini hellet për 2-3 minuta nga secila anë ose derisa të gatuhen në masën e dëshiruar.

e) Ndërsa piqeni në skarë, lyeni me furçë gjalpin Hokkaido në hell për aromë shtesë.

f) Dekorojeni me qepë të gjelbra të prera në feta përpara se ta shërbeni.

26. Buta Don i stilit Hokkaido (Tasi me oriz me mish derri)

PËRBËRËSIT:
- 1 filxhan oriz Hokkaido me kokrra të shkurtra
- 1/2 kile mish derri, i prerë në feta hollë
- 2 lugë salcë soje
- 2 lugë gjelle mirin
- 1 lugë gjelle sake
- 1 luge sheqer
- 1/2 qepë, e prerë hollë
- 2 vezë
- Qepë të njoma Hokkaido për zbukurim

UDHËZIME:
a) Në një tas, kombinoni salcën e sojës, mirin, sake dhe sheqerin. Shtoni fetat e derrit dhe marinojini për të paktën 15 minuta.
b) Ngroheni një tigan mbi nxehtësinë mesatare. Shtoni feta derri të marinuara dhe gatuajini derisa të marrin ngjyrë kafe dhe të gatuhen.
c) Hiqeni mishin e derrit nga tigani dhe lëreni mënjanë. Në të njëjtën tigan, shtoni qepët e prera në feta dhe ziejini derisa të zbuten.
d) Në një tas të veçantë, rrihni vezët.
e) Hidhni vezët e rrahura në tigan dhe gatuajeni derisa të ngurtësohen.
f) Për ta mbledhur, vendosni orizin e gatuar në një tas. Sipër hidhni feta derri të ziera, qepë dhe vezë të fërguara.
g) Dekorojeni me qepë të gjelbra të prera në feta përpara se ta shërbeni.

27. Hokkaido Kani Miso Gratin (Gaforrja Miso Gratin)

PËRBËRËSIT:
- 1/2 kile mish gaforre bore Hokkaido i gatuar
- 2 lugë pastë miso
- 2 lugë majonezë
- 1/4 filxhan qumësht Hokkaido
- 1/4 filxhan djathë Hokkaido i grirë (siç është Cheddar ose Gouda)
- 1/4 filxhan bukë panko
- Gjalpë Hokkaido për lyerje
- Qepë të njoma Hokkaido për zbukurim

UDHËZIME:
a) Ngrohni furrën tuaj në 400°F (200°C).
b) Në një tas, përzieni pastën miso, majonezën dhe qumështin Hokkaido derisa të jenë të lëmuara.
c) Shtoni mishin e gatuar të gaforres së dëborës në përzierjen e misos dhe përziejeni për ta kombinuar.
d) Lyeni enët individuale të gratinit me gjalpë Hokkaido.
e) Ndani përzierjen e misos së gaforreve në mënyrë të barabartë midis enëve me gratin.
f) Mbi çdo gratin me djathë të grirë dhe bukë panko.
g) E pjekim në furrën e nxehur më parë për 10-12 minuta ose derisa sipër të marrë ngjyrë të artë dhe me flluska.
h) Dekorojeni me qepë të gjelbra të prera në feta përpara se ta shërbeni.

28. Ramen me perime Miso të kuqe të pjekura

PËRBËRËSIT:
PËR LËNDËN:
- 2 lugë gjelle. vaj perimesh
- 1 qepë e verdhë mesatare, e grirë
- 1 karotë e madhe, e qëruar dhe e prerë në feta
- 10 thelpinj hudhra, të qëruara dhe të grira
- 1 4" copë xhenxhefil, e prerë në feta
- Kripë Kosher
- 5 oz. kërpudha të freskëta shiitake (kërpudhat e hequra, kapakët e rezervuar)
- 2 segmente (3") kombu
- 0,5 oz. kërpudha të thata shiitake
- 2 koka baby bok choy, të katërta
- 6 qepë të njoma, të grira
- 4 gota lëng perimesh

PËR PERIMET MISO TË KUQE të Pjekura:
- 6 oz. kërpudha bebe portobello, të prera në katër pjesë
- 5 oz. kapakë kërpudhash shiitake (të rezervuara nga lëngu)
- 1 karotë e madhe, e prerë në feta hollë
- 2 koka baby bok choy, të katërta
- 0,5 filxhan edamame me predha
- 1 lugë gjelle. paste miso e kuqe
- 2 thelpinj hudhre, te grira
- 1 lugë. xhenxhefil, i grirë
- 2 qepë të njoma, pjesë të bardha të grira, zarzavate të prera hollë dhe të rezervuara
- 1 lugë gjelle. vaj perimesh

- Kripë Kosher

TË MBAROJ:
- 0,25 filxhan salcë soje
- 0,25 filxhan mirin
- 1 lugë gjelle. farat e thekura të susamit
- 1 pako (10 ons) petë gruri të thatë ramen
- vaj susami
- Farat e susamit
- Qepe te njoma

UDHËZIME:
BËNI LËNË:

a) Ngrohni vajin vegjetal në një furrë të madhe holandeze mbi nxehtësinë mesatare. Shtoni qepën, karotën, xhenxhefilin, hudhrën dhe pak kripë. Gatuani për 7 minuta derisa perimet të fillojnë të marrin ngjyrë.

b) Shtoni kërcell shiitake, kombu, kërpudha të thata shiitake, bok choy dhe qepë jeshile. Hidhni në lëng perimesh dhe 4 gota ujë. Lëreni të vlojë, më pas ziejini të mbuluara për 25 minuta.

c) Kullojeni lëngun përmes një sitë me rrjetë të imët në një tas të madh, duke shtypur lëngun nga perimet. Hidhni lëndët e ngurta. Kthejeni lëngun e mishit në furrën holandeze, shijoni me kripë.

BËNI PERIMET MISO të pjekura:

d) Ngrohni furrën në 425°F. Në një enë përzieni pastën miso, vajin, qepën e gjelbër, xhenxhefilin dhe hudhrën e grirë.

e) Hidhini veçmas karotat dhe kërpudhat në përzierjen e misos. Transferoni në një tepsi të veshur me fletë metalike, duke i lënë hapësirë bok choy dhe edamame. Pjekim për 5 minuta.
f) Në një tas të veçantë, hidhni bok choy dhe edamame me vaj, rregulloni me kripë. Shtoni në tepsi dhe piqini për 15 minuta të tjera derisa të gjitha perimet të jenë të buta dhe të arta.

MBLEDH:
g) Gatuani petë ramen sipas udhëzimeve të paketimit, më pas kullojini.
h) Rrihni mirinin dhe salcën e sojës në një tas të vogël.
i) Në çdo tas, shtoni 1,5 gota lëng mishi të nxehtë, petë dhe sipër me karota, kërpudha dhe bok choy. Spërkateni me përzierjen e sojës-mirinës.
j) Dekorojeni me edamame të pjekur, qepë të njoma, vaj susami dhe farat e susamit përpara se ta shërbeni.

29. Japoneze Teriyaki Zoodles Stir Fry

PËRBËRËSIT:

- 2 lugë vaj vegjetal
- 1 qepë mesatare, e prerë hollë
- 2 kunguj të njomë mesatarë, të prerë në shirita të hollë
- 2 lugë salcë teriyaki
- 1 lugë gjelle salcë soje
- 1 lugë gjelle fara susami të thekur
- piper i zi i bluar

UDHËZIME:

a) Vendosni një tigan të madh mbi nxehtësinë mesatare. Ngrohni vajin në të. Shtoni qepën dhe gatuajeni për 6 minuta.

b) I përziejmë kungulleshkat dhe i gatuajmë për 2 minuta. Shtoni përbërësit e mbetur dhe ziejini për 6 minuta. Shërbejeni skuqjen tuaj menjëherë. Kënaquni.

30. Ramen i ëmbël me Tofu

PËRBËRËSIT:
- 1 pako petë ramen
- 2 Cups ujë
- 2 lugë vaj vegjetal
- 3 feta tofu, 1/4 inç të trasha
- 2 Cups lakër fasule soje
- 1/2 kungull i njomë i vogël, i prerë në feta hollë
- 2 qepë të njoma, të prera në feta
- 1/2 filxhan bizele të ëmbël të gjelbër
- Miell
- kripë erëza
- vaj susami

UDHËZIME:
a) Pritini çdo pjesë tofu në 3 copa. I pudrosim me pak miell. Vendosni një tigan të madh mbi nxehtësinë mesatare. Ngrohni 1 lugë vaj në të.

b) Gatuani në të tofu për 1 deri në 2 minuta nga secila anë. E kullojmë dhe e vendosim mënjanë. Ngrohni një spërkatje vaji në të njëjtën tigan. Kaurdisni në të perimet për 6 minuta. Vendosini ato mënjanë.

c) Gatuani petët. Përzieni në të paketën e erëzave.

d) Vendosni një tigan të madh mbi nxehtësinë mesatare. Ngrohni një spërkatje vaji në të.

e) Gatuani në të filizat e fasules për 1 minutë.

f) Vendosni filizat e fasules së skuqur në fund të tasit për servirje. Mbi atë me ramen, perime të gatuara dhe tofu. I servirim te ngrohta. Kënaquni.

31. Shoyu Ramen

PËRBËRËSIT:
- Chashu, një filxhan
- Nitamago, siç kërkohet
- Shiitake, sipas nevojës
- La-yu, sipas nevojës
- Nori, gjysmë filxhani
- Ramen, katër pako
- Dashi, gjysmë filxhani

UDHËZIME:
a) Në një tenxhere me ujë të vluar të kripur, gatuajeni ramen, duke e trazuar me darë ose shkopinj derisa të gatuhet, rreth një minutë.
b) Në një tenxhere të vogël mbi nxehtësinë mesatare, ngrohni dashi dhe shiitake derisa të ziejnë mezi.
c) Gatuani për një minutë dhe hiqeni nga zjarri.
d) Lëreni mënjanë shiitake.
e) Shtoni dashin dhe petët në tasin e servirjes.
f) Sipër shtoni chashu, nitamago, shiitake, qepë të njoma, pak la-yu dhe nori, nëse dëshironi.

32. Miso Ramen

PËRBËRËSIT:

- Pastë Miso, 1 lugë gjelle
- Përzieni perimet, 1 filxhan
- Ramen, 2 pako
- Salcë soje, 1 lugë gjelle

UDHËZIME:

a) Gatuani ramen dhe ziejini perimet.//
b) Tani përzieni të gjithë përbërësit e mbetur dhe shërbejeni të nxehtë.

33. Ramen Noodles

PËRBËRËSIT:
- Petë Ramen, dy pako
- Pastë Miso, dy lugë gjelle
- Salcë soje, një lugë gjelle

UDHËZIME:
a) Përziejini të gjithë përbërësit dhe ziejini mirë për dhjetë minuta.
b) Pjata juaj është gati për t'u shërbyer.

34. Ramen i menjëhershëm

PËRBËRËSIT:
- Petë ramen të menjëhershme, dy pako
- Përzierje e menjëhershme e erëzave, dy lugë gjelle
- Ujë, tre gota

UDHËZIME:
a) Përziejini të gjithë përbërësit dhe ziejini për dhjetë minuta.
b) Pjata juaj është gati për t'u shërbyer.

35. Kimchee Noodles

PËRBËRËSIT:

- 1 1/2 filxhan kimchee
- 1 (3 oz.) pako petë ramen të menjëhershme me shije orientale
- 1 (12 oz.) paketa Spam, në kubikë
- 2 lugë vaj vegjetal

UDHËZIME:

a) Gatuani petët sipas udhëzimeve në paketim. Vendoseni tiganin në zjarr mesatar. Ngrohni vajin në të. Skuqeni në të copat e spam-it për 3 minuta.

b) I përziejmë petët pasi i kemi kulluar dhe i kaurdisim edhe për 3 minuta shtesë.

c) I përziejmë kimchee dhe i gatuajmë për 2 minuta. shërbejini petët tuaja të ngrohtë.

36. Hot Shot E Ramen

PËRBËRËSIT:

- 1 1/2 filxhan ujë
- 1 qepë e vogël e verdhë, e prerë hollë
- 1 brinjë selino, e prerë hollë
- 6 karota bebe, julienne
- 1 (3 oz.) pako petë ramen, të thyera
- 1 (5 1/2 oz.) kanaçe sardele në salcë domate
- 2-3 pika salcë e nxehtë

UDHËZIME:

a) Vendosni një tenxhere të madhe me ujë mbi nxehtësinë mesatare. Përzieni në të ujin, qepën, selinon dhe karotat. I gatuani për 12 minuta. Përzieni petët dhe gatuajeni për 3 deri në 4 minuta.

b) Përzieni sardelet me domate dhe salcën e nxehtë në tenxhere. Shërbejeni është i nxehtë me mbushjet tuaja të preferuara.

37. Darka Ramen

PËRBËRËSIT:

- 1 (6 oz.) kanaçe ton në vaj vegjetal
- 1 (3 oz.) pako petë ramen, çdo shije
- 1/2 filxhan perime të përziera të ngrira

UDHËZIME:

a) Vendosni një tigan të madh mbi nxehtësinë mesatare. Ngrohni në të një spërkatje vaji.
b) Gatuani në të tonin për 2 deri në 3 minuta.
c) Përgatisni petët ramen sipas udhëzimeve në paketimin me perimet.
d) Hiqni petët dhe perimet nga uji dhe transferojini në tigan. Hidhni në to paketën e erëzave dhe gatuajeni për 2 deri në 3 minuta.
e) Shërbejeni tonin tuaj ramen të ngrohtë.

38. Stir Fry Ramen Sweet & Spicy

PËRBËRËSIT:
- 1 (14 oz.) pako tofu tepër të fortë, në kubikë
- 8 lugë çaji salcë soje
- 2 lugë vaj vegjetal
- 8 oz. kërpudha shiitake, të prera hollë
- 2 lugë çaji salcë aziatike djegës
- 3 thelpinj hudhre, te grira
- 1 lugë gjelle xhenxhefil të freskët të grirë
- 3 1/2 gota supë
- 4 (3 oz.) pako petë ramen, pako të hedhura
- 3 lugë uthull musht
- 2 lugë çaji sheqer
- 1 (6 oz.) qese Baby Spinaq

UDHËZIME:
a) Përdorni disa peshqir letre për të tharë tofu-në.
b) Merrni një tas përzierjeje: Përzieni në të tofu me 2 lugë çaji salcë soje.
c) Vendosni një tigan të madh mbi nxehtësinë mesatare. Ngrohni 1 lugë vaj në të. Skuqeni në të tofu për 2 deri në 3 minuta nga secila anë, më pas kullojeni dhe vendoseni mënjanë.
d) Ngrohni pjesën tjetër të vajit në të njëjtën tigan. Kaurdisni në të kërpudhat për 5 minuta. Shtoni salcën djegës, hudhrën dhe xhenxhefilin. I lëmë të gatuhen për 40 sekonda.
e) Thërrmoni ramen në copa. I trazojmë në tiganin me lëng mishi dhe i gatuajmë për 3 minuta ose derisa të mbarojë ramen.

f) Shtoni 2 lugë salcë soje, uthull dhe sheqer. Shtoni spinaqin dhe gatuajeni për 2 deri në 3 minuta ose derisa të shkrihet.
g) Palosni tofu në petë dhe më pas shërbejeni të ngrohtë.

39. Kokosi djegës Ramen

PËRBËRËSIT:

- 1 (3 oz.) pako petë ramen
- 2 lugë gjalpë kikiriku
- 1 lugë çaji salcë soje me pak natrium
- 1 1/2 lugë çaji salcë djegës-hudhër
- 2-3 lugë ujë të nxehtë
- 2 lugë arrë kokosi të ëmbëlsuar

Dekoroni

- lule brokoli
- kikirikët
- karrota e grirë

UDHËZIME:

a) Përgatitni petët sipas udhëzimeve në paketim, ndërsa hidhni paketën e erëzave.

b) Merrni një tas të madh përzierjeje: Rrihni në të gjalpin e kikirikut, gjysmën e paketës së erëzave, salcën e sojës, salcën djegëse-hudhër, 2-3 lugë ujë të nxehtë derisa të bëhen të lëmuara.

c) Shtoni petët në tas dhe i hidhni të lyhen. Shërbejeni tuajën petë.

d) Kënaquni.

40. Ramen Green Bean Stir Fry

PËRBËRËSIT:
- 1 1/2 paund fasule jeshile të freskëta
- 2 (3 oz.) pako petë ramen
- 1/2 filxhan vaj vegjetal
- 1/3 C. bajame të thekura
- kripë, sipas nevojës
- piper i zi sipas nevojës

UDHËZIME:
a) Pritini bishtajat dhe i prisni në copa 3 deri në 4 inç. Vendosim bishtajat në një tenxhere me avull dhe i kaurdisim derisa të zbuten.
b) Merrni një tigan të madh. Përzieni vajin me 1 pako erëza.
c) Thërrmoni 1 pako petë dhe përzieni në tigan. Shtoni bishtajat e ziera në avull dhe gatuajini për 3 deri në 4 minuta.
d) Rregulloni erëzat e skuqjes suaj dhe më pas shërbejeni të ngrohtë.

41. Ramen Seul

PËRBËRËSIT:

- 1 patate mesatare
- 1 pako petë ramen
- 1 qepë jeshile, e prerë në feta (opsionale)
- 1 vezë e madhe, e rrahur

UDHËZIME:

a) Hidhni lëkurën e patateve dhe pritini në feta të vogla.
b) Petët i përgatisim sipas udhëzimeve në paketim duke shtuar në të pataten dhe në tenxhere shtojmë 1/4 e ujit të nevojshëm.
c) E trazojmë paketën e erëzave dhe i kaurdisim për patate derisa të bëhet e butë.
d) Bashkojmë qepën e gjelbër në tenxhere dhe i kaurdisim derisa të mbarojë ramen. Shtoni vezët në supë duke i trazuar gjatë gjithë kohës derisa të gatuhen.
e) Shërbejeni supën tuaj të nxehtë.

42. Përziejini perimet e skuqura dhe ramen

PËRBËRËSIT:
- 4-5 kërcell bok choy, të prera në copa 2 inç
- 3 karota, të prera në feta
- 2 speca zile jeshile, të prera në feta të holla
- 1 pako petë ramen, e gatuar
- 1 filxhan lakër fasule të freskëta
- 1 kanaçe copa misri bebe, të shpëlarë
- 1 filxhan paste dhe lustër teriyaki
- 1 lugë gjelle vaj vegjetal
- 1 gotë ujë

UDHËZIME:
a) Shtoni pak vaj në një tigan që nuk ngjit dhe ziejini karotat, piperin dhe bok choy të prerë në feta për 3 minuta.
b) Shtoni pak ujë me lakër fasule dhe misër, gatuajeni për 3-4 minuta.
c) Tani, shtoni teriyaki dhe përzieni mirë. Ziejini për 4 minuta.
d) Shërbejeni dhe shijoni.

43. Perime te pjekura me ramen

PËRBËRËSIT:
- 2 pako petë, të gatuara
- 2 karota, të qëruara, të prera në feta
- 1 filxhan brokoli, lule
- 2 pako përzierje erëzash me petë
- 3 bishta selino, të prera
- 1 spec i kuq zile, i prerë në feta
- 1 filxhan kërpudha, të copëtuara
- 1 qepë, e grirë
- Kripë, për shije
- 1 lugë çaji xhenxhefil, i grirë
- $\frac{1}{4}$ lugë çaji hudhër, e grirë
- 2 lugë vaj vegjetal
- 2 luge uthull
- 2 lugë salcë soje

UDHËZIME:
a) Ngrohni pak vaj në një tigan dhe skuqni qepën me pastën e hudhrës me xhenxhefil për 1-2 minuta.
b) Shtoni të gjitha perimet dhe skuqini për 4-5 minuta.
c) Shtoni disa erëza dhe salcë soje, përziejini mirë që të kombinohen.
d) Shtoni disa spërkatje ujë dhe gatuajeni të mbuluar për 6 minuta në zjarr të ulët.
e) Tani, shtoni petët dhe uthullën, hidhini të kombinohen.
f) Kënaquni.

44. Piper i Kuq Lime Ramen

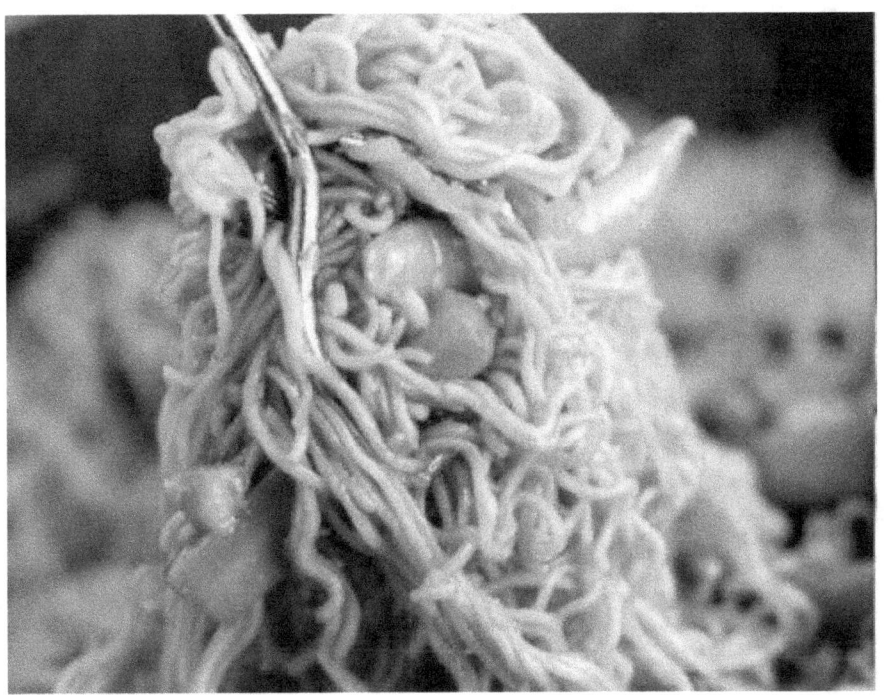

PËRBËRËSIT:
- 4 lugë salcë soje
- 2 lugë çaji sambal oelek
- 1 lugë mjaltë
- 2 lugë çaji uthull orizi
- 2 lugë çaji vaj susami
- 4 lugë çaji lëng limoni
- 1 lugë çaji vaj vegjetal
- 2 lugë xhenxhefil, i grirë
- 1 qepë, e prerë në feta
- 1 filxhan spec i kuq zile, i prerë në feta
- ¼ filxhan gjethe të freskëta të cilantros të copëtuara
- 2 tufa të mëdha qepë të njoma, të grira
- 2 pako petë, të ziera me erëza
- kripë për erëza

UDHËZIME:
a) Ngrohni pak vaj në një tigan dhe skuqni xhenxhefilin derisa të marrë aromë.
b) Shtoni specin zile dhe skuqeni për 4-5 minuta ose derisa të skuqet mirë.
c) Tani, shtoni të gjitha erëzat, kripën, salcën e sojës dhe sambal oelek, përzieni mirë.
d) Shtoni edhe pak qepë dhe skuqeni për 3-4 minuta.
e) Shtoni petët, lëngun e limonit, mjaltin, uthullën dhe vajin e susamit, i hidhni të bashkohen.
f) Transferoni në një pjatë për servirje dhe sipër me qepë të njoma.

SUPAT

45. Kenchinjiru (supë me perime japoneze)

PËRBËRËSIT:
PËR DASHIN:
- 1 copë kombu (leshterik i tharë) (4 x 4 inç, 10 x 10 cm për copë)
- 5 gota ujë (për kombu)
- 3 kërpudha të thata shiitake
- 1 filxhan ujë (për shiitake)

PËR SUPËN:
- 7 oz tofu të fortë ($\frac{1}{2}$ bllok 14 oz)
- $\frac{1}{2}$ pako konnyaku (konjac) (4,6 oz, 130 g)
- 7 oz rrepkë daikon (2 inç, 5 cm)
- 3,5 oz karotë (1 karotë mesatare)
- 3 copë taro (satoimo)
- 3,5 oz gobo (rrënja e rodheve) ($\frac{1}{2}$ gobo)

PËR ARRITËT:
- 1 lugë gjelle vaj susami të thekur
- 3 lugë gjelle sake
- $\frac{1}{2}$ lugë gjelle kripë kosher kristal diamanti
- 2 lugë gjelle salcë soje

PËR Garniturën:
- 2 qepë/qepë të njoma
- Shichimi togarashi (7 erëza japoneze) (opsionale)
- Piper japonez sansho (opsionale)

UDHËZIME:
PËR TË PËRGATITUR:
a) Natën e mëparshme: Pastroni butësisht 1 copë kombu (leshterik të thatë) me një peshqir të lagur.

Thithni kombin në 5 gota ujë gjatë natës. Nëse nuk keni kohë, anashkaloni njomjen.

b) Ngadalë vendoseni ujin e kombu-së të ziejë. Pak para se uji të vlojë, hiqeni dhe hidhni kombu. Fikni zjarrin dhe lëreni mënjanë.

c) Vendosni 3 kërpudha të thata shiitake në një tas të vogël dhe mbulojini me 1 filxhan ujë. Vendosni një tas më të vogël sipër për të siguruar që kërpudhat janë zhytur në ujë.

d) Mbështilleni 7 oz tofu të fortë me një peshqir letre dhe vendoseni në një pjatë. Vendosni një pjatë tjetër sipër për të shtypur tofu, kullojeni për 30 minuta.

e) Pritini ½ paketë konnyaku (konjac) në copa të madhësisë së kafshatës. Ziejeni për 2-3 minuta për të hequr erën. Kullojeni ujin dhe lëreni mënjanë.

f) Qëroni dhe prisni në feta 7 oz rrepkë daikon, 3,5 oz karrota dhe 3 copë taro (satoimo). Thithni satoimon në ujë për të hequr strukturën e rrëshqitshme.

g) Fërkoni lëkurën e 3,5 oz gobo (rrënjë rodhe) nën ujë të rrjedhshëm. E presim në feta të holla. Zhyteni në ujë për 5 minuta dhe kullojeni.

h) Kur kërpudhat shiitake të jenë të buta, shtrydhni lëngun dhe lërini mënjanë. Kullojeni shiitake dashi në një sitë me rrjetë të imët për të hequr grimcat dhe lëreni mënjanë.

PËR TË GATUAR KENCHINJIRU:

i) Nxehni një tenxhere të madhe dhe shtoni 1 lugë gjelle vaj susami të thekur. Skuqni daikon, karrotën,

taron (satoimo), gobo (rrënjën e rodheve) dhe konnyaku derisa të lyhen me vaj.
j) Shtoni kërpudhat shiitake dhe tofun e grisur. Skuqeni derisa të gjithë përbërësit të jenë lyer me vaj.
k) Shtoni shiitake dashi dhe kombu dashi. Lëreni të ziejë.
l) Ulni zjarrin që të ziejë. Gatuani për 10 minuta, duke i skremuar herë pas here për të hequr shkumën.
m) Pas 10 minutash, shtoni 3 lugë gjelle sake dhe ½ lugë kripë kosher kristal diamanti. Vazhdoni gatimin derisa perimet të zbuten. Në fund shtoni 2 lugë gjelle salcë soje.

PËR TË SHËRBUAR:
n) Menjëherë përpara se ta shërbeni, prisni hollë 2 qepë/qepë të njoma.
o) Shërbejeni supën dhe zbukurojeni me qepë. Spërkateni me shichimi togarashi opsional dhe piper japonez sansho nëse ju pëlqen pikant.
p) Mbetjet e mbetura ruhen në një enë hermetike ose tenxhere dhe ruajini në frigorifer.

46. Supë japoneze Yam dhe Kale

PËRBËRËSIT:
- 2 thelpinj hudhre
- 1 qepë
- 1 fruta japoneze
- 2 oz lakër kaçurrela
- 1 jalapeno
- 1 kalli
- 1 kanaçe fasule cannelini
- 2 pako koncentrat supë perimesh
- ½ lugë qimnon
- 1 lugë gjelle rigon
- 1 lugë gjelle vaj ulliri
- Kripë dhe piper

UDHËZIME:
PËRGATITNI PERIMET:
a) Grini hudhrën.
b) Qëroni dhe prisni qepën në kubikë.
c) Pritini në kubikë mishin japonez (nuk ka nevojë ta qëroni).
d) Prisni lakër jeshile dhe prisni hollë gjethet.
e) Pritini, hiqni farat dhe grijeni jalapeñon.
f) Hiqni lëvozhgën nga misri dhe prisni kokrrat e misrit nga kalliri.
g) Kullojini dhe shpëlajini fasulet e kanelinës.

FILLO SUPËN:
h) Vendosni një tenxhere të madhe mbi nxehtësinë mesatare-të lartë me 1 lugë gjelle vaj ulliri.

i) Pasi vaji të nxehet, shtoni hudhrën e grirë, qepën e prerë në kubikë, jalapeño dhe pak kripë.
j) Gatuani derisa të ketë aromë, rreth 2 deri në 3 minuta.
k) Në tenxheren e supës shtoni patate të skuqura të prera në kubikë, kokrrat e misrit, fasulet e kanelinës, lëngun e perimeve, qimnonin, rigonin, 3 gota ujë, 1/4 lugë kripë dhe pak piper.
l) Lërini të ziejnë, mbulojeni dhe gatuajeni derisa maja japoneze të zbutet, rreth 10 deri në 12 minuta.
m) Shtoni kale të prerë në supë dhe përzieni.
n) Hidhni supën japoneze të ëmbëlsirave dhe lakra jeshile midis tasave të mëdhenj.

47. Supë me petë Nori

PËRBËRËSIT:
- 1 (8 oz.) pako petë soba të thata
- 1 filxhan lëng dashi i përgatitur
- 1/4 C. salcë soje
- 2 lugë gjelle mirin
- 1/4 lugë çaji sheqer të bardhë
- 2 lugë fara susami
- 1/2 filxhan qepë jeshile të copëtuara
- 1 fletë nori (alga deti të thata), e prerë në shirita të hollë (opsionale)

UDHËZIME:
a) Gatuani petët sipas udhëzimeve në paketim. E kullojmë dhe e ftojmë me pak ujë.
b) Vendosni një tenxhere të vogël mbi nxehtësinë mesatare. Përzieni në të dashin, salcën e sojës, mirin dhe sheqerin e bardhë. E gatuajmë derisa të fillojë të ziejë.
c) Fikni zjarrin dhe lëreni përzierjen të humbasë nxehtësinë për 27 minuta. Ndani farat e susamit me petë në tasat e servirjes dhe derdhni sipër supën e lëngut.
d) Zbukuroni enët tuaja të supës me nori dhe qepë jeshile.
e) Kënaquni.

48. Supë Ramen me kërpudha

PËRBËRËSIT:

- 2 gota kërpudha, të prera në feta
- 2 pako petë ramen
- 1 lugë çaji piper i zi
- 2 lugë salcë të nxehtë
- 2 lugë salcë soje
- 1 lugë gjelle salcë Worcestershire
- ¼ lugë çaji kripë
- 3 gota supë perimesh
- 1 qepë, e grirë
- 2 lugë salcë djegës
- 2 lugë vaj kikiriku

UDHËZIME:

a) Ngrohni vajin në një tenxhere dhe skuqni kërpudhat për 5-6 minuta mbi nxehtësinë mesatare.
b) Shtoni lëngun, kripën, piperin, salcën djegëse, salcën Worcestershire, qepën dhe salcën e sojës, përziejini mirë. Ziejeni për disa minuta.
c) Shtoni petët dhe ziejini për 3 minuta.
d) Pasi të keni mbaruar transferojeni në një tas për servirje dhe sipër me salcë djegës.
e) Kënaquni.

49. Miso supë me tofu dhe lakër

PËRBËRËSIT:
- 750 ml lëng pule ose perimesh organike
- copë 3 cm xhenxhefil
- 2 thelpinj hudhre
- 1 djegës i kuq i freskët
- ½ lakër savoja
- 1 karotë
- 2 lugë pastë miso
- salcë soje me pak kripë
- 100 g tofu mëndafshi

UDHËZIME:
a) Hidhni lëngun në një tigan dhe lëreni të vlojë.

b) Qëroni dhe nxirrni xhenxhefilin, qëroni dhe grijeni hudhrën në feta të imta, më pas pastroni dhe copëtoni specin djegës. Shtoni në lëng, mbulojeni dhe ziejini për 5 minuta.

c) Thërrmoni dhe grijeni lakrën. Qëroni dhe grijeni karrotën, më pas shtoni në tigan, mbulojeni dhe ziejini për 3 deri në 4 minuta të tjera, ose derisa lakra të thahet.

d) Përzieni pastën miso dhe një spërkatje të mirë me salcë soje për shije.

e) Shtoni tofu dhe lëreni të qëndrojë për disa minuta përpara se ta shërbeni.

50. Miso supë me tofu dhe alga deti

PËRBËRËSIT:
- 4 gota dashi
- 3 lugë pastë miso
- 1/2 filxhan tofu, në kubikë
- 2 lugë alga deti wakame, të rihidratuara
- 2 qepë të njoma, të prera në feta

UDHËZIME:
a) Ngrohni dashin në një tenxhere.
b) Shpërndani pastën miso në një sasi të vogël dashi dhe shtoni përsëri në tenxhere.
c) Shtoni tofu dhe alga deti të rihidratuar wakame.
d) Ziejini për 5 minuta, zbukurojeni me qepë të njoma të prera në feta.

51. Supë me petë me spinaq dhe qepë jeshile

PËRBËRËSIT:

- 6 gota supë perimesh
- 2 pako petë soba
- 2 gota spinaq të freskët
- 4 qepë të njoma, të prera në feta
- 1 lugë gjelle salcë soje
- 1 lugë gjelle mirin
- 1 lugë çaji xhenxhefil të grirë

UDHËZIME:

a) Gatuani petët e sobës sipas udhëzimeve të paketimit, më pas kullojini.
b) Në një tenxhere ngrohni lëngun e perimeve me salcë soje, mirin dhe xhenxhefil të grirë.
c) Shtoni spinaqin e freskët dhe qepët e njoma të prera në feta.
d) Pasi spinaqi të thahet, në lëngun e mishit shtoni petët e ziera të sobës.

52. Supë Udon Noodle Me Perime Tempura

PËRBËRËSIT:
- 6 gota supë perimesh
- 2 pako udon petë
- Perime të ndryshme tempura (patate e ëmbël, kungull i njomë, brokoli)
- 2 lugë salcë soje
- 1 lugë gjelle mirin
- 1 lugë gjelle uthull orizi
- Qepë të njoma, të prera në feta (për zbukurim)

UDHËZIME:
a) Gatuani petët udon sipas udhëzimeve të paketimit, më pas kullojini.
b) Në një tenxhere ngrohni lëngun e perimeve me salcë soje, mirin dhe uthull orizi.
c) Përgatitni perimet tempura duke i skuqur ose pjekur derisa të bëhen krokante.
d) Shërbejini petë udon në lëng mishi, sipër me perime tempura dhe qepë të njoma të prera në feta.

53. Supë Ramen me Misër dhe Bok Choy

PËRBËRËSIT:
- 4 gota supë perimesh
- 2 pako petë ramen
- 1 filxhan kërpudha shiitake të prera në feta
- 1 filxhan bok choy me feta
- 1 filxhan kokrra misri
- 1 lugë gjelle salcë soje
- 1 lugë gjelle paste miso
- 1 lugë çaji vaj susami

UDHËZIME:
a) Gatuani petë ramen sipas udhëzimeve të paketimit, më pas kullojini.
b) Në një tenxhere ngrohni lëngun e perimeve me salcë soje, paste miso dhe vaj susami.
c) Shtoni kërpudha shiitake të prera, bok choy dhe kokrra misri.
d) Ziejini për 5-7 minuta derisa perimet të zbuten.
e) Shërbejini petët ramen në lëng mishi.

54. Supë me qumësht soje dhe kungull

PËRBËRËSIT:
- 4 gota qumësht soje pa sheqer
- 1 filxhan kungull, i qëruar dhe i prerë në kubikë
- 1 qepë, e grirë
- 2 lugë pastë miso
- 1 lugë gjelle salcë soje
- 1 lugë gjelle vaj susami
- 1 lugë çaji hudhër të grirë

UDHËZIME:
a) Në një tenxhere kaurdisim qepën në vaj susami derisa të bëhet e tejdukshme.
b) Shtoni kungullin dhe vazhdoni zierjen për disa minuta.
c) Hidhni në qumësht soje dhe lëreni të ziejë.
d) Shpërndani pastën miso në një sasi të vogël lëngu dhe shtoni përsëri në tenxhere.
e) Sezoni me salcë soje dhe hudhër të grirë. Ziejini derisa kungulli të zbutet.

55. Hokkaido Sukiyaki

PËRBËRËSIT:
- 4 gota supë perimesh
- 1/4 filxhan salcë soje
- 2 lugë gjelle mirin
- 2 luge sheqer
- 1 filxhan tofu, i prerë në feta
- 1 filxhan petë shirataki
- Perime të ndryshme (lakër Napa, kërpudha, qepë jeshile)

UDHËZIME:
a) Në një tenxhere, kombinoni lëngun e perimeve, salcën e sojës, mirin dhe sheqerin.
b) Shtoni tofu, petë shirataki dhe perime të ndryshme.
c) Ziejini derisa perimet të zbuten.
d) Shërbejeni të nxehtë me oriz të zier në avull.

56. Disa supë me petë

PËRBËRËSIT:
- 6 gota supë perimesh
- 2 pako disa petë
- 1 filxhan bizele bore, te prera holle
- 1 karotë, e grirë
- 1 lugë gjelle salcë soje
- 1 lugë gjelle uthull orizi
- Farat e susamit dhe qepët e gjelbra të prera në feta për zbukurim

UDHËZIME:
a) Gatuani disa petë sipas udhëzimeve të paketimit dhe më pas kullojini.
b) Në një tenxhere ngrohni lëngun e perimeve me salcë soje dhe uthull orizi.
c) Shtoni bizele të prera të borës dhe karota të grira.
d) Shërbejini disa petë në lëng mishi, të zbukuruara me farat e susamit dhe qepë të njoma të prera në feta.

57. Supë me karri me petë

PËRBËRËSIT:
- 3 karota, të prera në copa sa një kafshatë
- 1 qepë e vogël, e prerë në copa të vogla
- 3 lugë ujë
- 1/4 C. vaj vegjetal
- 1/2 filxhan miell për të gjitha përdorimet
- 2 lugë miell për të gjitha përdorimet
- 2 lugë gjelle pluhur kari të kuq
- 5 C. lëng perimesh të nxehtë
- 1/4 C. salcë soje
- 2 lugë çaji shurup panje
- 8 oz. petë udon, ose më shumë për shije

UDHËZIME:
a) Merrni një tas kundër mikrovalës: Përzieni në të ujin me karotën dhe qepën. I vendosim kapakun dhe i ziejmë në temperaturë të lartë për 4 minuta 30 sekonda.

b) Vendosni një tenxhere supë mbi nxehtësinë mesatare. Ngrohni vajin në të. Shtoni në të 1/2 filxhan plus 2 lugë miell dhe përziejini për të bërë një pastë.

c) Shtoni kerri me lëng të nxehtë dhe gatuajini për 4 minuta duke i përzier gjatë gjithë kohës. Shtoni qepën e gatuar dhe karotën me salcën e sojës dhe shurupin e panjës.

d) Gatuani petët sipas udhëzimeve në paketim derisa të zbuten.

e) Gatuani supën derisa të fillojë të ziejë. I përziejmë petët dhe i shërbejmë supa juaj e nxehtë.

58. Supë Ramen me Kërpudha

PËRBËRËSIT:

- 2 gota gjethe spinaqi
- 2 pako petë ramen
- 3 gota supë perimesh
- 3-4 thelpinj hudhre, te grira
- ¼ lugë çaji pluhur qepë
- Kripë dhe piper, për shije
- 1 lugë gjelle vaj vegjetal
- ¼ filxhan qepë të grirë, të copëtuar
- 3-4 kërpudha, të grira

UDHËZIME:

a) Shtoni lëngun e perimeve, kripën, vajin dhe hudhrën në një tenxhere dhe ziejini për 1-2 minuta.

b) Tani shtoni petët, kërpudhat, qepën, spinaqin dhe piperin e zi, i ziejini për 2-3 minuta.

c) Shijojeni të nxehtë.

LËNGË

59. Dashi Broth

PËRBËRËSIT:

- 25 g kërpudha shiitake (të thata)
- 10 g kombu
- 1 litër ujë

UDHËZIME:

a) Merrni një tenxhere me min. Kapaciteti 500 ml dhe në një tenxhere vendoseni Pile Shiitake dhe në tjetrën kombu.

b) Lërini të dy tenxhere të vlojnë dhe më pas lërini të ziejnë për 1 orë.

c) Së fundi, kullojini përbërësit dhe shtoni të dy pijet së bashku.

d) Hidhni 235 ml secilin në një tas supe. Shtoni makaronat dhe mbushjet sipas dëshirës.

60. Lëngë perimesh Umami

PËRBËRËSIT:
- 2 lugë gjelle paste miso e lehtë
- 2 lugë vaj rapese
- 2 lugë gjelle ujë
- 2 qepë (të qëruara dhe të grira hollë)
- 2 karota (të qëruara dhe të grira hollë)
- 4 kërcell selino (të prera imët)
- 1 shkop presh (i grirë imët)
- 1 llambë kopër (i grirë imët)
- 5 rrënjë koriandër
- 1 kokë hudhër (e përgjysmuar)
- ½ tufë majdanoz me gjethe të sheshta
- 5 kërpudha të thata shiitake
- 20 g kombu
- 2 lugë çaji kripë
- 1 lugë çaji piper i zi
- 2 gjethe dafine
- ½ lugë çaji fara të verdha të mustardës
- ½ lugë çaji fara koriandër
- 3.5 litra ujë

UDHËZIME:
a) Përziejmë pastën miso me vajin e rapes dhe 2 lugë ujë dhe e lëmë mënjanë.

b) Vendosni perimet, kombu dhe kërpudhat shiitake në një fletë pjekjeje. Hidhni mbi të pastën miso të përzier. Lëreni të gjithë në furrë për 1 orë në 150 °C. Kthejeni në mes.

c) Më pas vendosni perimet e pjekura në një tenxhere të madhe. Shtoni erëzat dhe derdhni në ujë. Lëreni gjithçka të ziejë, zvogëloni zjarrin dhe më pas lëreni të ziejë për 1.5 orë.
d) Hidhni 235 ml secilin në një tas supe. Shtoni makaronat dhe mbushjet sipas dëshirës.

61. Supë me qepë të pastër Hokkaido

PËRBËRËSIT:

- 6 gota supë perimesh
- 2 qepë (të prera në kubikë)
- 1 kërcell selino (të prerë në kubikë)
- 1 karotë (të qëruar dhe të prerë në kubikë)
- 1 lugë gjelle hudhër (e grirë)
- ½ lugë çaji xhenxhefil (i grirë)
- 1 lugë çaji vaj susami
- 1 filxhan kërpudha butona (të prera në feta shumë të holla)
- ½ filxhan qepë (të prera)
- për shije kripë dhe piper
- për të shijuar salcën e sojës (opsionale)
- për të shijuar Sriracha (opsionale)

UDHËZIME:

a) Kaurdisim qepët në një tenxhere me pak vaj derisa të karamelizohen pak. Rreth 10 minuta.

b) Shtoni karotën, selinon, hudhrën dhe xhenxhefilin, vajin e susamit dhe lëngun e mishit. I rregullojmë sipas shijes me kripë dhe piper.

c) Lëreni të vlojë dhe më pas ziejini për 30 minuta.

d) Kullojini perimet nga supa.

e) Shtoni një grusht qepë dhe kërpudha të prera hollë në tas. Hidhni supën sipër.

f) Opsionale: Shtoni një spërkatje salcë soje dhe sriracha për shije.

62. Baza e supës Miso

PËRBËRËSIT:
- 4 gota dashi
- 3 lugë pastë miso e bardhë ose e kuqe
- 1 filxhan tofu, i prerë në kubikë
- 1 filxhan alga deti wakame, të rihidratuara

UDHËZIME:
a) Në një tenxhere ngrohim dashin derisa të vlojë.
b) Shpërndani pastën miso në një sasi të vogël të dashi dhe shtoni përsëri në tenxhere.
c) Shtoni tofu dhe alga deti të rihidratuar wakame.
d) Ziejini për rreth 5 minuta derisa tofu të nxehet. Mos zieni pasi të jetë shtuar miso.

63. Supë me bazë salcë soje

PËRBËRËSIT:
- 4 gota ujë ose lëng perimesh
- 1/4 filxhan salcë soje
- 2 lugë gjelle mirin
- 1 lugë gjelle sake (opsionale)
- 1 luge sheqer
- 1 lugë çaji xhenxhefil të grirë

UDHËZIME:
a) Në një tenxhere, kombinoni ujin ose lëngun e perimeve, salcën e sojës, mirin, sake, sheqerin dhe xhenxhefilin e grirë.
b) Lëreni të ziejë dhe lëreni të ziejë për 10-15 minuta.
c) Rregulloni erëzat sipas shijes tuaj.

64. Supë me perime Ramen

PËRBËRËSIT:
- 6 gota supë perimesh
- 1 qepë, e prerë në feta
- 3 thelpinj hudhre, te grira
- 1 karotë, e prerë në feta
- 1 kërcell selino, i grirë
- 1 lugë gjelle salcë soje
- 1 lugë gjelle paste miso

UDHËZIME:
a) Në një tenxhere kaurdisim qepën, hudhrën, karrotën dhe selinon derisa të zbuten.
b) Shtoni lëngun e perimeve, salcën e sojës dhe pastën miso. I trazojmë mirë.
c) Lëreni të ziejë dhe gatuajeni për 15-20 minuta.
d) Kullojeni lëngun, duke i hedhur lëndët e ngurta.

65. Supë me kërpudha Shiitake

PËRBËRËSIT:
- 6 gota ujë ose lëng perimesh
- 1 filxhan kërpudha të thata shiitake
- 1 qepë të prerë në katër pjesë
- 2 thelpinj hudhër, të grira
- 1 copë kombu (opsionale)

UDHËZIME:
a) Në një tenxhere, kombinoni ujin ose lëngun e perimeve, kërpudhat e thata shiitake, qepën, hudhrën dhe kombu.
b) Lëreni të vlojë dhe më pas zvogëloni zjarrin që të ziejë. Gatuani për 20-30 minuta.
c) Kullojeni lëngun, duke i hedhur lëndët e ngurta.

66. Sesame Miso Broth

PËRBËRËSIT:

- 4 gota supë perimesh
- 3 lugë pastë miso të bardhë
- 2 lugë tahini (pastë susami)
- 1 lugë gjelle salcë soje
- 1 lugë çaji vaj susami
- 1 qepë jeshile, e grirë

UDHËZIME:

a) Në një tenxhere ngrohni lëngun e perimeve derisa të vlojë.
b) Në një tas të vogël, përzieni pastën miso, tahinin, salcën e sojës dhe vajin e susamit për të formuar një pastë të lëmuar.
c) Shtoni përzierjen e misos në lëngun e nxehtë, duke e trazuar mirë.
d) Ziejini për 5-7 minuta, zbukurojeni me qepë të njoma të grira.

67. Tofu pikante dhe lëngu Kimchi

PËRBËRËSIT:
- 4 gota dashi
- 1/2 filxhan kimchi, i copëtuar
- 1/2 filxhan tofu të fortë, të prerë në kubikë
- 2 lugë gjelle gochujang (pastë me djegës të kuq koreane)
- 1 lugë gjelle salcë soje
- 1 lugë çaji fara susami

UDHËZIME:
a) Në një tenxhere, kombinoni dashin, kimchi, tofu, gochujang dhe salcën e sojës.
b) Lëreni të ziejë dhe gatuajeni për 10 minuta.
c) Dekorojeni me farat e susamit përpara se ta shërbeni.

68. Vegjetarian Kotteri Broth

PËRBËRËSIT:
- 500 g kunguj gjalpë (rreth 300 g të qëruara dhe të prera përafërsisht)
- 2 qepë (të qëruara dhe të prera përafërsisht)
- 3 thelpinj hudhër (të qëruara)
- 100 g kërpudha të freskëta shiitake
- 6 kërpudha të thata shiitake
- 6-8 g kombu
- 2 litra ujë
- 2 lugë çaji pluhur paprika
- 2 lugë gjelle xhenxhefil (i copëtuar)
- 75 ml salcë soje
- 4 WL paste miso
- 3 lugë gjelle uthull orizi
- 3 lugë vaj kokosi
- 2 lugë çaji kripë
- vaj ulliri

UDHËZIME:
a) Ngroheni furrën në 250°C.
b) Merrni një tenxhere të madhe dhe vendosni rreth 2 litra ujë të ziejnë. Shtoni kërpudhat e thata shiitake dhe kombu. Ulni zjarrin dhe lëreni gjithçka të ziejë për rreth 1 orë.
c) Përziejmë kungullin, qepët, hudhrën dhe kërpudhat e freskëta shiitake me pak vaj ulliri dhe paprika dhe e shtrojmë në një tepsi.
d) Ziejini perimet në furrë për rreth 15
e) minuta. Ulni temperaturën në 225 ° C dhe gatuajeni për 15 minuta të tjera.

f) Pasi lëngu të ketë zierë për një orë, hiqni kërpudhat dhe kombu, shtoni perimet dhe xhenxhefilin. Lëreni lëngun të ziejë për 20 minuta me kapak të mbyllur.
g) Bëjeni pure të imët lëngun.
h) Më pas shtoni pastën miso, salcën e sojës, uthullën e orizit, vajin e kokosit dhe kripën dhe lëreni përsëri lëngun e puresë. Nëse është e nevojshme, supa mund të hollohet me ujë.
i) Hidhni 235 ml secilin në një tas supe. Shtoni makaronat dhe mbushjet sipas dëshirës.

69. Udon Noodle Broth

PËRBËRËSIT:
- 6 gota supë perimesh
- 1 filxhan kërpudha shiitake të prera në feta
- 1 filxhan bok choy, i copëtuar
- 2 lugë salcë soje
- 1 lugë gjelle mirin
- 1 lugë çaji xhenxhefil të grirë
- 8 oz petë udon, të gatuara

UDHËZIME:
a) Në një tenxhere, kombinoni lëngun e perimeve, kërpudhat shiitake, bok choy, salcën e sojës, mirin dhe xhenxhefilin e grirë.
b) Ziejini për 15-20 minuta derisa perimet të zbuten.
c) Ndani petët udon të gatuara në tasat e servirjes dhe mbi to hidhni lëngun e nxehtë.

70. Lëngë çaji jeshil Hokkaido

PËRBËRËSIT:

- 4 gota ujë
- 2 qese çaji jeshil
- 1 lugë gjelle salcë soje
- 1 lugë gjelle mirin
- 1 lugë çaji limoni i grirë
- 1 filxhan spinaq, i prerë

UDHËZIME:

a) Lëreni ujin të ziejë dhe ziejini qeset e çajit jeshil për 5 minuta.

b) Hiqni qeset e çajit dhe shtoni salcën e sojës, mirin dhe limonin e grirë.

c) Shtoni spinaqin e grirë dhe ziejini për 3-5 minuta të tjera.

71. Lëngë perimesh Miso Mushroom

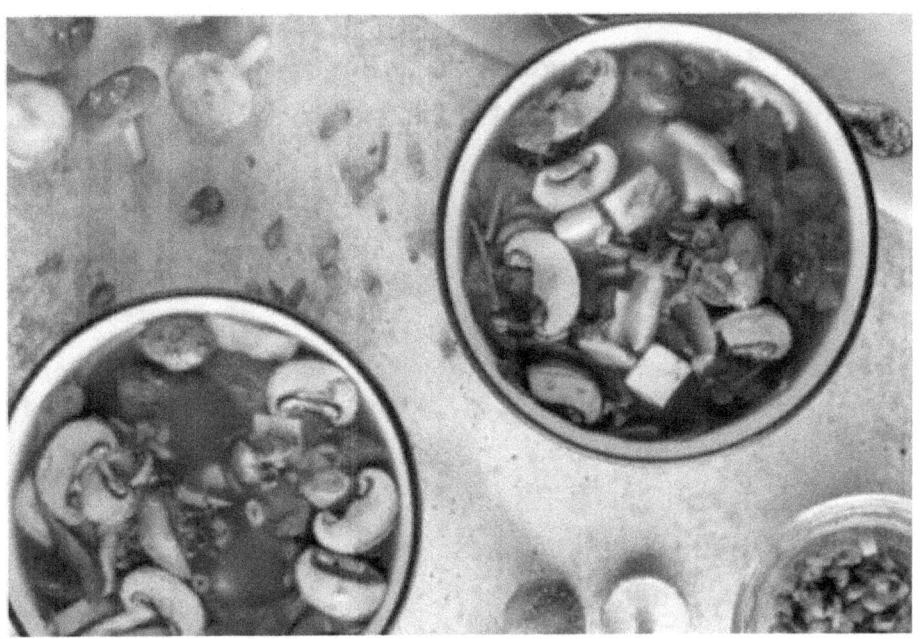

PËRBËRËSIT:
- 5 gota supë perimesh
- 1/2 filxhan kërpudha të thata shiitake
- 1 filxhan kërpudha gocë deti të prera në feta
- 3 lugë pastë miso të bardhë
- 2 lugë salcë soje
- 1 lugë gjelle vaj susami

UDHËZIME:
a) Në një tenxhere, kombinoni lëngun e perimeve, kërpudhat e thata shiitake, kërpudhat e detit, pastën miso, salcën e sojës dhe vajin e susamit.
b) Ziejini për 20-25 minuta.
c) Rregulloni erëzat nëse është e nevojshme përpara se ta shërbeni.

72. Lënga e limonit me xhenxhefil

PËRBËRËSIT:

- 4 gota supë perimesh
- 2 lugë salcë soje
- 1 lugë gjelle paste miso
- 1 lugë gjelle xhenxhefil të grirë
- 2 kërcell limoni, të grimcuar
- 1 karotë, e prerë në feta
- 1 filxhan bizele bore, te prera

UDHËZIME:

a) Në një tenxhere, kombinoni lëngun e perimeve, salcën e sojës, pastën miso, xhenxhefilin e grirë dhe barin e limonit të grimcuar.
b) Shtoni karotën e prerë në feta dhe bizelet e borës.
c) Ziejini për 15-20 minuta derisa perimet të zbuten.

73. Supë Shiitake e Gështenjës

PËRBËRËSIT:
- 5 gota ujë
- 1 filxhan kërpudha të thata shiitake
- 1 filxhan gështenja të pjekura, të qëruara
- 1 lugë gjelle salcë soje
- 1 lugë gjelle mirin
- 1 lugë çaji vaj susami

UDHËZIME:
a) Në një tenxhere, kombinoni ujin, kërpudhat e thata shiitake, gështenjat e pjekura, salcën e sojës, mirinin dhe vajin e susamit.
b) Ziejini për 20-25 minuta.
c) Kullojeni lëngun, duke i hedhur lëndët e ngurta.

74. Lënga e patates së ëmbël dhe kokosit

PËRBËRËSIT:

- 4 gota supë perimesh
- 1 gotë patate e ëmbël, e prerë në kubikë
- 1 kanaçe (14 oz) qumësht kokosi
- 2 lugë salcë soje
- 1 lugë gjelle shurup panje
- 1 lugë çaji pluhur kerri

UDHËZIME:

a) Në një tenxhere, kombinoni lëngun e perimeve, pataten e ëmbël të prerë në kubikë, qumështin e kokosit, salcën e sojës, shurupin e panjës dhe pluhurin e kerit.

b) Ziejini për 15-20 minuta derisa patatja e ëmbël të zbutet.

75. Sake dhe lëng i thatë i kërpudhave

PËRBËRËSIT:
- 4 gota ujë
- 1 filxhan kërpudha të thata shiitake
- 1 filxhan kërpudha druri të thara
- 1/4 filxhan salcë soje
- 2 lugë gjelle sake
- 1 lugë gjelle uthull orizi

UDHËZIME:
a) Në një tenxhere, kombinoni ujin, kërpudhat e thata shiitake, kërpudhat e thara të veshit, salcën e sojës, sake dhe uthullën e orizit.
b) Ziejini për 20-25 minuta.
c) Kullojeni lëngun, duke i hedhur lëndët e ngurta.

76. Wasabi dhe Nori infused Broth

PËRBËRËSIT:

- 4 gota supë perimesh
- 1 lugë gjelle salcë soje
- 1 lugë gjelle paste miso
- 1 lugë gjelle uthull orizi
- 1 lugë çaji pastë wasabi
- 2 fletë nori (alga deti), të grira në copa

UDHËZIME:

a) Në një tenxhere, kombinoni lëngun e perimeve, salcën e sojës, pastën miso, uthullën e orizit, pastën wasabi dhe norin e grisur.
b) Ziejini për 15-20 minuta, duke lejuar që shijet të përzihen.
c) Kullojeni lëngun, duke hedhur poshtë copat e norit.

77. Supë e pastër me kërpudha

PËRBËRËSIT:
- 6 gota ujë
- 1 filxhan kërpudha shiitake të prera në feta
- 1 filxhan kërpudha enoki të prera në feta
- 1 filxhan kërpudha gocë deti të prera në feta
- 1 karotë, e grirë
- 1 lugë gjelle salcë soje
- 1 lugë gjelle mirin
- 1 lugë gjelle sake (opsionale)
- 1 lugë çaji vaj susami

UDHËZIME:
a) Në një tenxhere, vendosni ujin të vlojë.
b) Shtoni shiitake, enoki, kërpudha goca deti dhe karotë të grirë.
c) Sezoni me salcë soje, mirin, sake dhe vaj susami.
d) Ziejini për 15-20 minuta derisa perimet të zbuten.

SALATATË

78. Sallatë me lesh deti

PËRBËRËSIT:
- 1 filxhan alga deti wakame, të rihidratuara
- 1 lugë gjelle vaj susami
- 1 lugë gjelle salcë soje
- 1 lugë gjelle uthull orizi
- 1 lugë çaji sheqer
- Farat e susamit për zbukurim

UDHËZIME:
a) Përzieni alga deti të rihidratuar wakame me vaj susami, salcë soje, uthull orizi dhe sheqer.
b) Dekorojeni me farat e susamit përpara se ta shërbeni.

79. Sallatë Ramen me mollë

PËRBËRËSIT:
- 12 oz. lule brokoli
- 1 (12 oz.) qese përzierje sallate me brokoli
- 1/4 C. fara luledielli
- 2 (3 oz.) pako petë ramen
- 3 lugë gjalpë
- 2 luge vaj ulliri
- 1/4 C. bajame të prera në feta
- 3/4 C. vaj vegjetal
- 1/4 C. sheqer kaf
- 1/4 C. uthull molle
- 1/4 C. qepë jeshile, e grirë

UDHËZIME:
a) Vendosni një tigan të madh mbi nxehtësinë mesatare. Ngrohni vajin në të.
b) Shtypni ramen tuaj me duart tuaja për ta shtypur atë. E trazojmë në tigan me bajame.
c) I gatuani për 6 minuta dhe më pas vendoseni tiganin mënjanë.
d) Merrni një tas të madh përzierjeje: Hidhni në të brokolin, sallat e brokolit dhe luledielli. Shtoni përzierjen e petëve dhe i hidhni sërish.
e) Merrni një tas të vogël përzierjeje: Kombinoni në të vajin vegjetal, sheqerin kaf, uthullën e mollës dhe paketën e erëzave me petë Ramen për të bërë vinegrette.

f) Hidhni vinegrette në të gjithë sallatën dhe përzieni atë që të lyhet. Shërbejeni sallatën tuaj me qepë të njoma sipër. Kënaquni.

80. Sallatë Sambal Ramen

PËRBËRËSIT:
- 1 (3 oz.) pako petë ramen
- 1 filxhan lakër, të grirë
- 4 qepë, të prera në copa 1 inç
- 2-3 karota
- bizele bore, te zbehura
- 3 lugë majonezë
- 1/2 lugë çaji sambal oelek, ose sriracha
- 1-2 lugë çaji lëng limoni
- 1/4 C. kikirikë, të copëtuar
- cilantro, e copëtuar

UDHËZIME:
a) Përgatisni petët sipas udhëzimeve në paketim dhe ziejini për 2 minuta. E heqim nga uji dhe e vendosim mënjanë të kullojë.
b) Merrni një tas të vogël përzierjeje: përzieni në të majonezën , sambal olek dhe lëngun e limonit për të bërë salcën.
c) Merrni një tas të madh përzierjeje: Kombinoni në të lakrën, karotat, qepë, bizele bore, petë të gatuara, salcë majonezë , një majë kripë dhe piper. I përziejmë mirë.
d) Shërbejeni sallatën tuaj dhe shijojeni.

81. Hokkaido Serrano Ramen

PËRBËRËSIT:

- 1 qepë e verdhë, e grirë
- 2 domate rome, te prera
- 1 djegës serrano, i grirë
- 1 piper i kuq i pjekur dhe i qeruar, i prere mesatarisht
- 1 filxhan perime të përziera të prera në kubikë
- 2 (3 oz.) pako petë ramen të menjëhershme me shije orientale
- 1 kub bujoni me perime
- 1 lugë çaji pluhur qimnoni
- 1 lugë çaji djegës i kuq pluhur
- 4 lugë salcë spageti
- 2 lugë çaji vaj kanola ose 2 lugë çaji ndonjë vaj tjetër vegjetal

UDHËZIME:

a) Vendosni një tigan të madh mbi nxehtësinë mesatare. Ngrohni vajin në të. Kaurdisim në të qepën me domate dhe djegës serrano për 3 minuta.

b) Përziejini në një pako erëza dhe kubin e boulonit Maggi. Hidhni perimet, qimnonin dhe 1/2 a C. ujë. I gatuani për 6 minuta. Përzieni salcën e spagetit dhe gatuajini për 6 minuta shtesë.

c) Përgatisni petët sipas udhëzimeve në paketim. Hidhni petët me përzierjen e perimeve. Shërbejeni të nxehtë. Kënaquni.

82. Sallatë Mandarin Ramen

PËRBËRËSIT:
- 1 (16 oz.) pako përzierje sallate me lakër
- 2 (3 oz.) pako petë ramen, të grimcuara
- 1 filxhan bajame të prera në feta
- 1 (11 oz.) kanaçe portokall mandarinë, të kulluara
- 1 filxhan fara luledielli të pjekura, të prera
- 1 tufë qepë jeshile, e grirë
- 1/2 filxhan sheqer
- 3/4 C. vaj vegjetal
- 1/3 C. uthull e bardhë
- 2 pako pako erëza ramen

UDHËZIME:
a) Merrni një tas të vogël përzierjeje: Rrihni në të uthullën, erëzat ramen, vajin dhe sheqerin për të bërë salcë.
b) Merrni një tas të madh përzierjeje: Hidhni në të përzierjen e salcës së lakërit me petë, bajame, mandarinë, fara luledielli dhe qepë.
c) I lyeni me salcë mbi to dhe i hidhni të lyhen. E vendosim sallatën në frigorifer për 60 minuta më pas e shërbejmë. Kënaquni.

83. Ramen Me Lakra Dhe Fara Luledielli s

PËRBËRËSIT:
RAMEN
- 16 oz. përzierje lakër të grirë, ose salcë lakër
- 2/3 filxhan fara luledielli
- 1/2 filxhan bajame të grira
- 3 qese petë ramen të menjëhershme me shije orientale, të grimcuara, të pagatuara, pako e ruajtur
- 1 tufë qepë jeshile, e grirë

VINEGRETTE
- 1/2 filxhan vaj
- 3 lugë gjelle uthull vere të kuqe
- 3 lugë sheqer
- 2 lugë çaji piper
- 3 pako erëza nga petë ramen të çastit me shije orientale

UDHËZIME:
a) Merrni një tas të madh përzierjeje: Hidhni në të përbërësit e sallatës.
b) Merrni një tas të vogël përzierjeje: Rrihni në të përbërësit e veshjes.
c) Hidhni salcën mbi sallatë dhe hidhini ato të lyhen. Shërbejeni atë menjehere.
d) Kënaquni.

84. Sallatë kremoze me arrat dhe petë

PËRBËRËSIT:

- 1 pako petë ramen
- 1 filxhan selino të prerë në kubikë
- 1 (8 oz.) kanaçe gështenja uji të prera në feta, të kulluara
- 1 filxhan qepë të kuqe të grirë
- 1 filxhan piper jeshil i prerë në kubikë
- 1 filxhan bizele
- 1 filxhan majonezë

UDHËZIME:

a) Thërrmoni petët në 4 pjesë. Përgatitini ato sipas udhëzimeve në paketim.

b) Merrni një tas të madh përzierjeje: Kulloni petët dhe hidhni në të selinon, gështenjat e ujit, qepën, piperin dhe bizelet.

c) Merrni një tas të vogël përzierjeje: Rrihni në të majonezën me 3 pako erëza. I shtoni në sallatë dhe i hidhni të lyhen.

d) E vendosim sallatën në frigorifer për 1 deri në 2 orë më pas e shërbejmë.

85. Sallatë me xhenxhefil me susam me frymëzim japonez

PËRBËRËSIT:
- 6 gota zarzavate sallatë të përziera (marule, spinaq, rukola)
- 1 kastravec i prere holle
- 1 karotë, e grirë
- 1 filxhan domate qershi, të përgjysmuara
- 2 lugë fara susami

VESHJA:
- 3 lugë salcë soje
- 2 lugë gjelle uthull orizi
- 1 lugë gjelle shurup panje
- 1 lugë gjelle vaj susami
- 1 lugë çaji xhenxhefil të grirë

UDHËZIME:
a) Në një tas të madh, kombinoni zarzavate sallatë, kastravec, karrota dhe domate qershi.
b) Në një tas të vogël, përzieni përbërësit e salcës.
c) Hidhni dressing-un mbi sallatë, hidheni mirë.
d) Spërkatni sipër farat e susamit përpara se ta shërbeni.

86. Sallatë me perime të pjekura me xham Miso

PËRBËRËSIT:
- 4 gota perime të pjekura të përziera (patate të ëmbla, speca zile, kunguj të njomë)
- 1 filxhan quinoa, e gatuar
- 1/4 filxhan bajame të prera në feta
- 1/4 filxhan cilantro të freskët të copëtuar

Veshja:
- 2 lugë pastë miso të bardhë
- 2 lugë gjelle uthull orizi
- 1 lugë gjelle salcë soje
- 1 lugë gjelle shurup panje
- 1 lugë gjelle vaj susami

UDHËZIME:
a) Kombinoni perimet e pjekura dhe quinoan në një tas të madh.
b) Në një tas të vogël, rrihni së bashku pastën miso, uthullën e orizit, salcën e sojës, shurupin e panjës dhe vajin e susamit për të bërë salcën.
c) Hidhni dressing-un mbi perimet dhe kuinoan, i hidhni mirë.
d) Dekoroni me bajame të prera dhe cilantro përpara se ta shërbeni.

87. Sallatë me qiqra dhe avokado

PËRBËRËSIT:
- 2 gota qiqra të gatuara
- 1 avokado, e prerë në kubikë
- 1 filxhan domate qershi, të përgjysmuara
- 1/2 qepë të kuqe, të grirë hollë
- 1/4 filxhan majdanoz të freskët të grirë

VESHJA:
- 3 lugë vaj ulliri
- 2 lugë gjelle lëng limoni
- 1 thelpi hudhër, të grirë
- Kripë dhe piper, për shije

UDHËZIME:
a) Në një tas të madh, kombinoni qiqrat, avokadon, domatet qershi, qepën e kuqe dhe majdanozin.
b) Në një tas të vogël, përzieni vajin e ullirit, lëngun e limonit, hudhrën e grirë, kripën dhe piperin.
c) Hidheni salcën mbi sallatë dhe hidheni butësisht për t'u kombinuar.

88. Tas sushi me tofu të skuqur crunchy

PËRBËRËSIT:
- 4 filxhanë oriz tradicional Sushi të përgatitur
- 6 ons tofu të fortë, të prerë në feta të trasha
- 2 lugë niseshte patate ose niseshte misri
- 1 e bardhë veze e madhe, e përzier me 1 lugë çaji ujë
- ½ filxhan thërrime buke
- 1 lugë çaji vaj susami të errët
- 1 lugë çaji vaj gatimi
- ½ lugë çaji kripë
- Një karotë e prerë në 4 shkrepse
- ½ avokado, e prerë në feta të holla
- 4 lugë kokrra misri, të ziera
- 4 lugë çaji qepë jeshile të grira, vetëm pjesët jeshile
- 1 nori, të prera në shirita të hollë

UDHËZIME:
a) Përgatitni orizin Sushi.
b) Vendosni fetat midis shtresave të peshqirëve të letrës ose peshqirëve të pastër të enëve dhe vendosni një tas të rëndë sipër tyre.
c) Lërini fetat tofu të kullojnë për të paktën 10 minuta.
d) Ngrohni furrën tuaj në 375°F.
e) Thërrmoni fetat tofu të kulluara në niseshtenë e patates.
f) I vendosim fetat në masën e të bardhës së vezëve dhe i kthejmë të lyhen.
g) Përzieni pankon, vajin e susamit të errët, kripën dhe vajin e gatimit së bashku në një tas mesatar.

h) Shtypni lehtë disa nga përzierjet e pankos në secilën prej feta tofu.
i) Vendosini fetat në një tepsi të mbuluar me letër furre.
j) Piqni për 10 minuta, më pas kthejini fetat.
k) Piqni edhe për 10 minuta të tjera, ose derisa shtresa e pankos të jetë krokante dhe të marrë ngjyrë kafe të artë.
l) Hiqni fetat nga furra dhe lërini të ftohen pak.
m) Mblidhni 4 tasa të vegjël për servirje. Lagni majat e gishtave përpara se të shtoni $\frac{3}{4}$ filxhan oriz Sushi në çdo tas.
n) Rrafshoni butësisht sipërfaqen e orizit në çdo tas. Ndani fetat panko tofu midis 4 tasave.
o) Shtoni $\frac{1}{4}$ e shkrepseve të karotave në çdo tas.
p) Vendosni $\frac{1}{4}$ e fetave të avokados në çdo tas. Mblidhni 1 lugë gjelle kokrra misri sipër çdo tasi.
q) Për ta shërbyer, spërkatni $\frac{1}{4}$ e shiritave nori mbi çdo tas. Shërbejeni me shurup soje të ëmbëlsuar ose salcë soje.

DESSERTS

89. Limon japonez Shochu

PËRBËRËSIT:

- 20 ml lëng limoni të freskët
- 20 ml shochu
- 40 ml ujë me sodë
- Gëlqere dhe copa limoni për zbukurim

UDHËZIME:

a) Në një shaker kokteji të pastër, derdhni të gjithë përmbajtjen dhe tundeni mirë që të përzihet
b) Shtoni disa kuba akulli në gotat e gatshme dhe derdhni pijen në secilën prej tyre
c) Shërbejeni me copa limoni dhe lime

90. Ëmbëlsirat — Mochi

PËRBËRËSIT:
- 1 ½ filxhan. Anko e përgatitur paraprakisht
- 11/2 filxhan. ujë
- 1 filxhan. Katakuriko (niseshte misri)
- ½ filxhan. sheqer
- 1 ¼ filxhan. shiratama-ko (miell orizi)

UDHËZIME:
a) Ngrohni ½ filxhan. Uji. Shtoni ½ filxhan. Sheqeri, lëreni të vlojë
b) Hidhni ½ e pluhurit Anko. I trazojmë mirë që të përzihen
c) Shtoni më shumë ujë nëse ndihet e thatë, duke e trazuar derisa të bëhet e fortë. Lëreni mënjanë të ftohet
d) Kur të ftohet, grijeni përmbajtjen dhe formoni 10 ose më shumë topa të vegjël
e) Përzieni sheqerin e mbetur dhe ujin në një tas të vogël, lëreni mënjanë
f) Hidhni miellin e orizit në një tas. Hidhni me kujdes përzierjen e sheqerit në miell, duke e trazuar për të formuar një brumë
g) E vendosim në mikrovalë dhe e ngrohim për 3 minuta
h) Spërkatni pak katakuriko në sipërfaqe, hiqni brumin dhe vendoseni në platformën e lyer me miell.
i) E gatuajmë butësisht, e presim në toptha dhe rrafshojmë çdo top.
j) Vendosni një top Anko në çdo brumë të sheshtë, rrotulloni atë për të formuar një top

91. Skewers frutash japoneze

PËRBËRËSIT:
- 2 filxhan. Luleshtrydhe. DE me lëvore dhe majat e hequra
- 12 ullinj jeshil
- 2 filxhan. Kube ananasi ose 1 kanaçe ananasi
- 2 filxhan. Kivi me feta
- 2 filxhan. Manaferra
- 2 filxhan. Boronica
- 9 hell ose kruese dhëmbësh

UDHËZIME:
a) Kullojeni lëngun e tepërt nga frutat dhe rregulloni ato në mënyrë alternative në hell
b) Radhini hellet e mbushura në një tepsi dhe vendosini në frigorifer për 1 orë
c) Hiqeni dhe shërbejeni kur të jetë gati

92. Salsa me fruta me agar

PËRBËRËSIT:
- 1 shkop. Kanten agar (pelte frutash)
- 1 kanaçe e vogël. segmentet e mandarinës
- 40 gr shiratama-ko (miell orizi)
- 3 lugë fasule të kuqe të përgatitura paraprakisht
- 10 kg. sheqer
- 1 filxhan. Frutat e përziera të kivit, luleshtrydheve etj.

UDHËZIME:
a) Vendoseni agarin Kanten në ujë të ftohtë, lëreni të njomet derisa të zbutet
b) Zieni 250 ml ujë, kullojeni Kantenin e butë nga uji dhe shtoni në ujin e vluar. Shtoni sheqer në të dhe ziejini derisa Kanten të tretet mirë. Hidheni në një enë, lëreni të ftohet dhe ngrini në ngrirje që të qëndrojë
c) Hidhni shiratama-ko në një tas, shtoni pak ujë dhe përzieni që të formohet një brumë. E rrotullojmë dhe e presim në toptha
d) Zieni një tenxhere tjetër të madhe me ujë, shtoni topat shiratama-ko kur uji të vlojë dhe gatuajeni derisa topat të notojnë mbi ujin e vluar.
e) Frutat e prera i vendosim në një tas, shtojmë topat e gatshëm shiratama-ko, grijmë një pjesë të fasuleve të kuqe, mandarinës, e presim në kubikë setin Kanten dhe i shtojmë në tas.
f) Hidhni shurupin e mandarinës ose salcën e sojës nëse ka dhe shërbejeni

93. Kinako Dango

PËRBËRËSIT:
- Kinako, gjysmë filxhani
- Sheqer i grimcuar, dy lugë gjelle
- Ujë të ftohtë, gjysmë filxhani
- Pluhur Dango, një filxhan
- Kripë Kosher, gjysmë lugë çaji

UDHËZIME:
a) Në një enë përzierjeje shtoni pluhur Dango dhe ujë. Përziejini mirë derisa të bashkohen mirë.
b) Kapni pak brumë dhe formoni një top.
c) E vendosim në një pjatë dhe e përsërisim derisa të përdoret i gjithë brumi.
d) Lëreni mënjanë një enë me ujë të ftohtë.
e) Shtoni topat e dangos në ujin e vluar dhe ziejini derisa të ngrihen në majë.
f) Kullojeni dhe shtoni në ujë të ftohtë. Lërini për disa minuta derisa të ftohen dhe kullojnë.
g) Në një enë tjetër për përzierje, shtoni kinakon, sheqerin dhe kripën dhe përzieni mirë.
h) Vendosni gjysmën e përzierjes së kinakos në një tas për servirje, shtoni toptha dango dhe sipër me kinako që kanë mbetur.
i) Vakti juaj është gati për t'u shërbyer.

94. Hokkaido Dorayaki

PËRBËRËSIT:
- Mjaltë, dy lugë gjelle
- Vezë, dy
- Sheqer, një filxhan
- Miell, një filxhan
- Pluhur për pjekje, një lugë çaji
- Pastë me fasule të kuqe, gjysmë filxhani

UDHËZIME:
a) Mblidhni të gjithë përbërësit.
b) Në një tas të madh, bashkoni vezët, sheqerin dhe mjaltin dhe përzieni mirë derisa masa të bëhet me gëzof.
c) Shosh miellin dhe pluhurin për pjekje në tas dhe i përziejmë të gjitha bashkë.
d) Brumi duhet të jetë pak më i butë tani.
e) Nxehni një tigan të madh që nuk ngjit mbi nxehtësinë mesatare-të ulët. Është më mirë të merrni kohën tuaj dhe të ngroheni ngadalë.
f) Kur të shihni se sipërfaqja e brumit fillon të flluskojë, kthejeni dhe gatuajeni anën tjetër.
g) Vendosni pastën e fasules së kuqe në qendër.
h) Mbështilleni dorayaki me mbështjellës plastik derisa të jeni gati për t'u shërbyer.

95. Akullore Matcha

PËRBËRËSIT:

- Pluhur Matcha, tre lugë gjelle
- 2 gota me bazë bimore Gjysmë e gjysmë,
- Kripë Kosher, një majë
- Sheqeri, gjysmë filxhani

UDHËZIME:

a) Në një tenxhere të mesme, përzieni gjysmën e gjysmën, sheqerin dhe kripën.
b) Filloni të gatuani përzierjen në nxehtësi mesatare dhe shtoni pluhur çaji jeshil.
c) Hiqeni nga zjarri dhe transferojeni përzierjen në një tas të ulur në një banjë akulli. Kur përzierja të jetë ftohur, mbulojeni me mbështjellës plastik dhe vendoseni në frigorifer.
d) Pjata juaj është gati për t'u shërbyer.

96. Hokkaido Zenzai

PËRBËRËSIT:
- Mochi, një filxhan
- Fasule të kuqe, një filxhan
- Sheqer, tre lugë gjelle

UDHËZIME:
a) Vendosni fasulet e kuqe dhe pesë gota ujë në një tenxhere.
b) Lërini të ziejnë dhe gatuajeni për pesë minuta, dhe më pas kullojini fasulet dhe hidhni ujin në të cilin janë gatuar.
c) Tani, kulloni fasulet, duke rezervuar ujin në të cilin janë gatuar.
d) Hidhni fasulet e kulluara në tenxhere, shtoni sheqerin dhe ziejini në zjarr mesatar për dhjetë minuta duke i përzier vazhdimisht.
e) Më pas, derdhni ujin nga zierja e fasuleve, i rregulloni me sheqer dhe i trazoni në zjarr të ulët.
f) Piqni mochi në grill ose në një furrë dolli derisa të zgjerohen dhe të skuqen pak.
g) Hidhni mochi në një tas për servirje dhe mbulojeni me një lugë supë fasule.

97. Jelly japoneze kafeje

PËRBËRËSIT:

- 470 ml kafe e fortë dhe e nxehtë
- 1 pako pluhur xhelatine
- 60 g sheqer
- 100 ml krem
- 2 lugë sheqer

UDHËZIME:

a) Fillimisht, përzieni pluhurin e xhelatinës në 4 lugë çaji ujë dhe lëreni të fryhet për 10 minuta.
b) Shtoni sheqerin në kafe dhe përzieni derisa sheqeri të tretet. Lëreni kafenë të ftohet.
c) Mbushni kafen në një enë të sheshtë (rreth 2 cm të lartë) dhe vendoseni në frigorifer për 6 orë.
d) Rrihni kremin me 2 lugë çaji sheqer.
e) Nxirreni kallëpin nga frigoriferi dhe prisni gjithçka në kubikë të mëdhenj. Shërbejeni me krem.

98. Matcha Tiramisu

PËRBËRËSIT:

- 1 filxhan shqeme, të njomur
- 1/4 filxhan shurup panje
- 1 lugë çaji ekstrakt vanilje
- 1 lugë gjelle pluhur matcha
- 1 filxhan çaj jeshil i zier i fortë, i ftohur
- L ady gishtat
- Pluhur kakao për pluhurosje

UDHËZIME:

a) Përzieni shqemet e njomura, shurupin e panjeve, ekstraktin e vaniljes dhe pluhurin matcha derisa të jenë të lëmuara.

b) Hidhni gishtat e zonja në çajin jeshil dhe shtrojini ato në fund të një pjate.

c) Përhapeni një shtresë të përzierjes shqeme-matcha mbi ladyfingers.

d) Përsëritni shtresat dhe përfundoni me një pluhur kakao.

e) Lëreni në frigorifer për disa orë përpara se ta shërbeni.

99. Kinako Warabi Mochi

PËRBËRËSIT:
- 1 filxhan pluhur mochi warabi
- 2 gota ujë
- 1/2 filxhan kinako (miell soje i pjekur)
- 1/4 filxhan sheqer
- Kuromitsu (shurup i sheqerit kaf japonez)

UDHËZIME:
a) Përzieni pluhur mochi warabi dhe ujin në një tenxhere.
b) Gatuani në zjarr mesatar duke e trazuar vazhdimisht derisa të trashet.
c) Hidheni në një kallëp dhe vendoseni në frigorifer derisa të vendoset.
d) Pritini në copa sa një kafshatë dhe lyeni me një përzierje kinako dhe sheqer.
e) Spërkateni me kuromitsu përpara se ta shërbeni.

100. Hokkaido Yuzu Sorbet

PËRBËRËSIT:

- 1 filxhan lëng yuzu
- 1 gotë ujë
- 1/2 filxhan sheqer
- Lëkura e 1 yuzu (opsionale)

UDHËZIME:

a) Në një tenxhere, përzieni lëngun yuzu, ujin dhe sheqerin.
b) Ngroheni mbi nxehtësinë mesatare, duke e përzier derisa sheqeri të tretet.
c) Hiqeni nga zjarri, shtoni lëkurën e yuzus nëse përdorni dhe lëreni të ftohet.
d) Hidheni përzierjen në një prodhues akulloreje dhe përzieni sipas udhëzimeve të prodhuesit.
e) Ngrijeni derisa të forcohet dhe shërbejeni.

PËRFUNDIM

Ndërsa përfundojmë udhëtimin tonë të kuzhinës nëpër kuzhinat moderne të Hokkaido-s, shpresojmë që "Kuzhina Moderne Hokkaido" t'ju ketë lënë të frymëzuar, të kënaqur dhe të uritur për më shumë. Me 100 receta që tregojnë kënaqësitë më të mira të kuzhinës së Hokkaido-s, ju keni përjetuar shijet e gjalla dhe traditat e pasura që përcaktojnë këtë ishull më verior të Japonisë.

Nga klasikët e përzemërt deri tek krijimet bashkëkohore, çdo pjatë në këtë libër gatimi tregon një histori të trashëgimisë unike të kuzhinës së Hokkaido-s dhe frymën novatore të kuzhinierëve dhe kuzhinierëve të saj në shtëpi. Pavarësisht nëse keni shijuar tasat ngushëlluese me miso ramen, shijoni shijet delikate të ushqimeve të freskëta të detit ose jeni kënaqur me ëmbëlsinë e produkteve të qumështit Hokkaido, ne besojmë se keni shijuar çdo moment të aventurës suaj të kuzhinës Hokkaido.

Ndërsa vazhdoni të eksploroni kuzhinën moderne Hokkaido, ne ju inkurajojmë të lini krijimtarinë tuaj të rritet. Pavarësisht nëse jeni duke eksperimentuar me përbërës të rinj, duke vënë në lëvizje recetat tradicionale ose duke ndarë shijet e Hokkaido-s me miqtë dhe familjen, udhëtimi juaj i kuzhinës qoftë po aq i pasur dhe shpërblyes sa shijet e vetë Hokkaido-s.

Faleminderit që u bashkuat me ne në këtë aventurë të shijshme. Shpresojmë që "Kuzhina Moderne Hokkaido" të bëhet një shoqërues i dashur në kuzhinën tuaj, duke frymëzuar shumë më tepër kënaqësi kulinare për vitet në vijim. Derisa të takohemi përsëri, vaktet tuaja qofshin të mbushura me ngrohtësinë, shijen dhe shpirtin e Hokkaido-s. Gëzuar gatim!

www.ingramcontent.com/pod-product-compliance
Lightning Source LLC
Chambersburg PA
CBHW070351120526
44590CB00014B/1090